テレビドラマ

オールタイムベスト100

TVガイドアーカイブチーム・編

はじめに

日本初のテレビドラマ「夕餉前（ゆうげまえ）」が放送されたのが、1940（昭和15）年の4月13日。テレビの本放送はまだ始まっておらず、あくまで開発段階の実験放送の試みのひとつでした。そんなテレビドラマ第1号の放送から、今年で80年。2020（令和2）年は日本でテレビドラマが放送されてからちょうど80年となる節目の年なのです。

テレビドラマの歴史は、そのままテレビの歴史です。1953（昭和28）年にテレビの本放送が始まり、昭和・平成・令和と時代が移り行く中、日本のテレビドラマも大きな発展を遂げて多くの名作・人気作・感動作が生まれました。一緒に笑って一緒に泣いて、人々の生活に寄り添ってきたのです

草創期から日本のテレビと一緒に歩んできた「TVガイド」（1962年創刊）では、今回一般社団法人日本放送作家協会のご協力を得て、協会員である約700名のシナリオライター、放送作家の皆さんにアンケートを実施しました（実施期間・2019年12月～2020年1月）。

今まで放送されたすべてのドラマの中から、
あなたの記憶に残っているドラマを
10本挙げてください――

約150名の協会員の方々にいただいた回答を集計、ベスト100にランキングされた作品（同票があるため計116作品）を一挙に紹介します。本放送開始からでも60年以上にわたって放送され続けてきた無数のテレビドラマの中から、たった100本を選出しようという無謀な試み。おそらくこの規模での選出は初めてのことではないでしょうか。お忙しい中ご協力いただいた協会員の皆さま、本当にありがとうございました。

新たな時代に入り、過去の作品に触れる機会も多くなりました。あなたの思い出に残るあの日の傑作、そしてまだ見ぬ名作に再び出会うきっかけになれば幸いです。

２０２０年　秋
TVガイドアーカイブチーム

北の国から

Best 1 【37票】

1981年　フジテレビ

Staff & Cast

脚本：倉本聰
演出：富永卓二　杉田成道　山田良明
プロデュース：中村敏夫　富永卓二
音楽：さだまさし
主題歌：さだまさし「北の国から〜遥かなる大地より〜」

出演：田中邦衛
吉岡秀隆　中嶋朋子
竹下景子　岩城滉一
原田美枝子
大滝秀治　地井武男
いしだあゆみほか

富良野の大自然の中で生きる父と子の物語
日本のドラマが誇る最高峰

北海道・富良野の大自然の中で生きる父と子どもたちの日常を丹念に描いた、日本のテレビドラマ史上に燦然と輝く金字塔。脚本家・倉本聰の代表作であり、富良野に実際に移住した倉本が、そこで自然と向き合いながら生活する中で「自分は今まで都会で暮らしている人間だけに向けてドラマを書いていたのではないか」と思い立ち、物語を構想したといわれる。1981年にレギュラー放送がスタートし、子どもたちの成長に合わせてスペシャルを作り継ぐ、という形で2002年まで新作の制作が続行。多くの視聴者が20年以上にわたり主人公一家の人生と成長を見守るという、まさに国民的ドラマシリーズとなった。レギュラー放送の時から、制作期間、制作費とも破格のスケールで制作され、当時のフジテレビがまさに社運を賭けた大作ドラマだった。

妻と別れて富良野・麓郷へ移住してきた黒板五郎（田中邦衛）は、長男の純（吉岡秀隆）・長女の螢（中嶋朋子）とともに自ら廃屋を改装した家で暮らし始める。電気もガスも水道もない生活に都会育ちの純や螢は音を上げるが、次第にその暮らしに慣れ、自然と向き合いながら成長していく。最初のレギュラー放送では、五郎一家の富良野での生活とそれを取り巻く人々、五郎の元妻である令子（いしだあゆみ）や令子の妹・雪子（竹下景子）はじめ、涼子先生（原田美枝子）や草太兄ちゃんこと北村草太（岩城滉一）、北村清吉（大滝秀治）、中畑和夫（地井武男）、笠松杵次（大友柳太朗）など、麓郷の人々の暮らしが並行して描かれ、そうした人生模様が大きな魅力だった。

今回は「北の国からシリーズ」ということでひとつにまとめて集計したが、スペシャルを指定して投票された方もいた（特に「北の国から'87初恋」は評価が高く、ラストの泥のついた1万円札のシーンに言及するコメントも多かった）。スペシャルとして放送されるようになってからは、吉岡秀隆・中嶋朋子の2人が大人になっていくのに合わせ、純と螢の成長物語の

写真提供：フジテレビ　※写真は「北の国から '83 冬」

色が濃くなっていき、シリーズが新たな魅力を獲得していったと言える。2人の恋の相手として登場する横山めぐみや緒形直人、裕木奈江、宮沢りえ、内田有紀など多くの俳優が、印象を残している。それ以外にも、笠智衆や菅原文太、大竹しのぶ、唐十郎らがゲストとして出演し、名演を見せている。

もうひとつ、「北の国から」では音楽も重要な要素だ。日本で最も有名なスキャットソングとも呼ばれるさだまさしによるテーマ曲「北の国から〜遥かなる大地より〜」では何度泣かされたかわからない。またレギュラー放送でも、スペシャルでも、劇中に多くの楽曲が流れ、それぞれに効果を発揮している。特に中島みゆきの楽曲が使用される機会が多いが、それ以外でも「'84夏」の「ラブ・イズ・オーヴァー」や、「'87初恋」の「I LOVE YOU」、「'92巣立ち」の「西新宿の親父の歌」など、忘れられない楽曲がいくつもあった。

脚本家の志、キャスト&スタッフの本気度と努力、労力、そして時間と予算、当時でも考えられないようなスケールと熱量で作られたドラマは、今でもこうして多くの人々の心に残っている。

第14回テレビ大賞受賞。第21回向田邦子賞受賞（倉本聰、「北の国から2002遺言」）。

普通のドラマの5倍の労力をかけたこんなドラマはほかにはない

「北の国から」ディレクター　杉田成道

「北の国から」を1位に選んでいただけたこと、とても光栄に思います。20年近くも前の作品を選んでいただけた理由を僕なりに考えると、やっぱりこのドラマは異質だからではないでしょうか。過去にも現在にもこんなドラマはほかにありません。それは確信を持って言えます。

当時のフジテレビの視聴率は万年4位で、数字（視聴率）はバラエティーで獲るから、看板になるドラマが欲しいということになりました。そこで起死回生の作品を託せる脚本家を考えた結果、倉本聰さんに白羽の矢が立ちました。倉本さんの提案は、「富良野をひとつのスタジオにして撮ろう」というものでした。当時はスタジオドラマが主流でしたから、発想のスケールが違いますよね。企画から3年がかりで、24本のドラマを1年半かけて、大自然の中でオールロケ。スタッフも通常は40人くらいなのに、60人が2班で動く。予算も時間も桁外れで、局としても清水の舞台から飛び降りる覚悟。最初から全力投球でした。ラッキーだったのは、富良野の人たちが協力してくれたことです。さらにソニーから最新のハンディカメラが出て、外で自由に動けるようになったこと。ただ動けるのはいいけど、スタッフもキャストもちっともうれしくないんですよ。なにしろ冬場はマイナス20度にもなる。今ほど防寒着も発達してないし、トイレもないから、女優さんたちは特に苦労していました。倉本さんの脚本はリアリズムにこだわっていますし、「、」や「。」もきっちり表現しなければならない。キャストは必ず全員そろって本読みをしますが、そこで倉本さんが徹底的にダメ出しをする。倉本さんも40代で触れれば切れるナイフみたいだったから、すごい緊張感でした。大ベテランの大滝秀治さんも泣きそうになったくらいです。僕がこだわったのは、純（吉岡秀隆）と螢（中嶋朋子）でした。リハーサル室に入った時から、彼らも俳優。こども扱いはしない。僕はセリフをこう言うんだよとか、〇〇しなさいと指示するのはやめようと。ダメ出しも大人と同じです。彼らは意味はわからないけど、怒られていることはわかる。それは邦さん（田中邦衛）に聞こえているんだよね。それで邦さんと純と螢の芝居が変わってくる。後年、大人になった純と螢が「変な大人たちが一生懸命やってるのがわかっていたから、いい加減にできないとこどもながらに思った」と対談しているのを見て、伝わってたんだなと（笑）。

純のナレーションはとてもよかった。純は心情の語りとストーリーテラーとしての語りとを使い分けています。本編の撮影前に、語りの尺を知るために「仮録り」をして、撮影後に本録り。一週間狭いブースで朝から晩まで録るので、純はへとへと。ナレー

ション録りは大嫌いでした。
　もうひとつ異質なのは、ドキュメンタリーのような要素が強いこと。純と螢の学校の問題があって、連ドラの続編は難しい。そこで倉本さんが家族の成長を10年かけてスペシャル版で描きたいと提案してきた。それはテレビにしかできない。やりましょうということになって、10年のつもりが20年続きました。純と螢の両親にも取材して彼らの実生活でのエピソードをドラマに盛り込む。倉本さんは地元に暮らしているから、離農が増えたり、牧場が潰れたりする農家の現実も入ってくる。リアルなんです。
　スペシャル版でも半年、二季節かかります。夏はまだしも冬でも朝から晩までずーっとロケ。子役たちも怒ってた。キャストもスタッフも長くやっても仲良しチームじゃない。富良野に入る前から辛くて、入ったらさらに辛くて。誰も喜んでやってない。でも、苦痛を背負いながらとことん労力をかけた。普通のドラマの5倍は労力をかけている。それが多くの方に支持してもらえる秘密といえば秘密かな。

Profile

杉田成道（すぎたしげみち）

1943年愛知県出身。慶應義塾大学卒。フジテレビでドラマディレクターとして「北の国から」シリーズの演出を手がける。1992年芸術選奨新人賞放送部門を受賞。2001年よりに日本映画衛星放送（現・日本映画放送）社長に就任。主なテレビドラマ監督作品に「失われた時の流れを」「町」「ライスカレー」「少年H」「海峡を渡るバイオリン」「若者たち2014」、映画監督作品に「優駿 ORACION」「最後の忠臣蔵」などがある。

　今のドラマは、予算も削減されてるし、テレビ局に人が育ってない感じがしますね。企画のジャンルが刑事とか医療とか狭いのも気になる。俳優、脚本家、編成、プロデューサー、これをどうしてもやりたいという人間がいないと面白いドラマはできませんよ。冒険心を持って全力投球で取り組まないと。視聴者はやっぱり作り手の熱量を感じ取るんですから。

Data

北の国から

- TVシリーズ・全24話
（1981.10.9～1982.3.26）

【スペシャル・全8作品】
- 北の国から‘83冬（1983.3.24）
- 北の国から‘84夏（1984.9.27）
- 北の国から‘87初恋（1987.3.27）
- 北の国から‘89帰郷（1989.3.31）
- 北の国から‘92巣立ち　前編／後編（1992.5.22～5.23）
- 北の国から‘95秘密（1995.6.9）
- 北の国から‘98時代　前編／後編（1998.7.10～7.11）
- 北の国から2002遺言　前編／後編（2002.9.6～9.7）

取材・文／ペリー荻野　撮影／蓮尾美智子

ふぞろいの林檎たち

Best 2【36票】

1983年　TBS

Staff & Cast

脚本：山田太一
演出：鴨下信一　井下靖央ほか
プロデューサー：大山勝美　片島謙二ほか
主題歌：サザンオールスターズ
「いとしのエリー」

出演：中井貴一　時任三郎
手塚理美　石原真理子
柳沢慎吾　中島唱子
高橋ひとみ　国広富之
小林薫　根岸季衣
吉行和子　佐々木すみ江ほか

「いとしのエリー」が胸を締め付ける　山田太一脚本による青春群像ドラマ

時代を変えるような作品をいくつも生み出し、同時代や後世のテレビドラマに大きな影響を与え続けた脚本家・山田太一が1983年に発表した青春群像ドラマ（メインタイトルより先に「山田太一脚本」のクレジットが大きく登場する）。山田太一作品としては珍しくシリーズ化され、およそ15年間にわたる主人公たちの人生が描かれた。

山田は81年に24歳の3人の女性を同じウエイトで描いた群像ドラマ「想い出づくり。」を書いていて、この「想い出づくり。」の成功が以降トレンディードラマまで連なるグループ主演ものの先駆けとなる。実際この時期TBSの金曜ドラマはグループ主演ものを多く試みていて、「ふぞろい〜」の前の金曜ドラマが鎌田敏夫脚本の「金曜日の妻たちへ」、後が田向正健脚本の「夏に恋する女たち」であった。

四流大学に通う男子学生たち・良雄（中井貴一）、健一（時任三郎）、実（柳沢慎吾）と彼らのサークルに参加した看護学生・陽子（手塚理美）、晴江（石原真理子）、そして容姿にコンプレックスを持つ一流女子大生・綾子（中島唱子）がメインキャストとして物語を支える。パートI・第1話のサブタイトル「学校どこですか」は、放送前に取材した学生たちが一番されたくない質問としてあげたものだそうだ。自分らしく生きたいと願いながらも、自分の学校の名前を偽って遊んでいる若者たち。みんなどこかでコンプレックスを抱きながら生きている。でも望まれるような〝規格品〟だけを優遇する世の中はどんなものなのか。もともと林檎も人間もふぞろいな方が自然なのではないか、というのがタイトルに込められたメッセージである。

もちろんそうした学歴格差の問題だけでなく、一流の学歴を持ちながら人間関係が紡げない修一（国広富之）と夏恵（高橋ひとみ）のパートや、良雄の実家「仲屋商店」の嫁姑問題、健一や実の家族との確執など、周辺の物語も生き生きと描かれた。若い世代を中心にした多様なリアリティーを、これだけの密度で描き

写真提供：TBS 「ふぞろいの林檎たち」

切った作品は初めてだった。2年後に制作されたパートⅡでは、彼らは社会人になっている。パートⅠの最終回で、わずかな希望を持って「胸をはって」卒業した彼らの日常はさらに過酷である。格差は広がる。不条理は増す。自分らしく生きることは困難を極める。バブル前夜の林檎たちの苦悩はいまの時代の若者にこそ胸に響くかもしれない。

そしてサザンオールスターズ。今回の投票の中で音楽について最も多くのコメントが寄せられたのがこの作品だった。サザンの歌を抜きにして「ふぞろい〜」を語ることはできない。まさに劇中に敷き詰められるように流れるサザンの楽曲が何より雄弁に登場人物の思いを語っていたし、エンディング等で流れる「♪エリー」のリフレインの効果はBGMの域を超えていた。もはや音楽はキャストの一人であった。この〝1アーティストの楽曲で染め上げることでドラマの世界観を作る〟という手法はのちに多くのドラマが採用。ある意味「ふぞろい〜」がドラマ界に遺した最大の遺伝子と言えるかもしれないが、本作以上の成功を収めたドラマは現れていない。

第16回テレビ大賞優秀番組賞受賞。

傷だらけの天使

Best 3 【32票】

1974年　日本テレビ

Staff & Cast

プロデューサー：清水欣也
工藤英博　磯野理
脚本：市川森一　鎌田敏夫ほか
監督：恩地日出夫　深作欣二
神代辰巳　工藤栄一ほか
音楽：井上堯之　大野克夫

出演：萩原健一　水谷豊
岸田今日子　岸田森
ホーン・ユキ　船戸順
西村晃ほか

萩原健一 ＆ 水谷豊の名コンビが70年代と戯れる伝説のピカレスクロマン

萩原健一主演の伝説的ピカレスクロマン。トマトを丸かじりし、缶のコンビーフにかぶりつき、牛乳瓶のふたをしゃぶって開けるオープニングタイトルに象徴される、萩原の自由なスタイルに当時の若者は大きな影響を受け、憧れを抱いた。世間のいわゆる〝ショーケン〟のイメージを最も直接的に反映した作品であり、70年代という時代と当時の青春というものをまるごとパッケージしたドラマである。

主人公の小暮修（萩原健一）は、幼い時に両親と死に別れ、貧しい中で周囲と戦いながら生きてきた。愛を求める欲求は強烈で、勇敢で見栄っ張りだが臆病な一面もある。エンジェルビルのペントハウスで気ままに暮らし、綾部貴子（岸田今日子）の経営する探偵事務所で安くこき使われている。修が唯一心を許すのは弟分の乾亨《アキラ》（水谷豊）だけ。底抜けに善人の亨はいつも損な目にばかりあっている。ふたりとも金と愛に飢え、虚勢を張って社会の底辺で生きている。

この作品の大きな特徴は、深作欣二、恩地日出夫、神代辰巳、工藤栄一といった、当時最前線で活躍していた映画監督が交代で演出にあたっていたことである。そうそうたるメンバーが、一筋縄ではいかないが当時一番面白い俳優であった萩原の味を最大限に引き出そうとしていた。「太陽にほえろ！」のマカロニ役で俳優として一躍頭角を現したあと、「股旅」「青春の蹉跌」と映画の世界で着実にキャリアを重ねた萩原が、そんな映画のやり方をテレビで実現しようとしたのが「傷だらけの天使」だったとも言える。土曜10時という時間帯は、当時は大人の時間帯という理解だったのだろう。「太陽にほえろ！」で萩原が表現したくてできなかったと言われるセックスや暴力の描写も、「傷だらけの天使」にはふんだんに登場した。市川森一を中心とした脚本家陣も意欲的な脚本を次々に執筆、それは確かにそれまでのテレビドラマにはないオリジナルの個性であった。

共演陣も刺激的だった。特に弟分の亨

© 東宝「傷だらけの天使」

を演じた水谷豊とのコンビネーションはまさに唯一無二で、だれもが憧れる「傷だらけの天使」の空気感はこの2人の佇まいにあると言ってよく、以降の多くの作品や俳優たちに大きな影響を与えている。「兄貴ィ～」という亨のセリフ回しを真似したことがあるという人は多いだろう。岸田今日子、岸田森、ホーン・ユキら、レギュラー陣もみな素晴らしかったほか、毎回大物俳優・女優がゲスト出演。緑魔子や中山麻理らは、ヌードも披露し、話題となった。

意欲的な製作が続けられたものの視聴率は低迷、後半は比較的普通の物語に軌道修正され数字も上がってきたという。その後、再放送されるたびに人気が上がっていったが、今度は前半のエピソードの方が評判が良くなっていった。最終回、ヌードグラビアの中で孤独な死を遂げる亨と、その遺体をドラム缶の風呂に入れてやり、リアカーで夢の島に運ぶ修の慟哭は忘れられない。

（2人が住んでいたエンジェルビルのロケ地として使われていた代々木会館は、2019年のアニメ映画「天気の子」の舞台としても使用され、オールドファンの話題を呼んだ。なおビルは2020年1月に解体工事が終了している）。

阿修羅のごとく

Best 4 【29票】

1979年　NHK

Staff & Cast

脚本：向田邦子
演出：和田勉　高橋康夫ほか
制作：沼野芳脩
テーマ音楽：「ジェッディン・デデン」（トルコの軍楽）

出演：八千草薫　加藤治子
いしだあゆみ　風吹ジュン
佐分利信　大路三千緒
緒形拳　宇崎竜童
深水三章　菅原謙次
三條美紀　八木昌子ほか

大胆かつ革命的なリアリティー 不世出の脚本家・向田邦子の最高傑作

NHKの「土曜ドラマ」という枠は、初めて脚本家の名前を冠したシリーズを放送して、脚本家のポジションを高める一助となった時間枠として知られている（脚本家シリーズの最初の作品となったのは、1976年の山田太一脚本による「男たちの旅路」）。その「土曜ドラマ」の枠で、「向田邦子シリーズ」と銘打って放送されたのがこの「阿修羅のごとく」である。演出を手がけたのは和田勉ほか。文句なくテレビドラマ史上に残る名作である。

当時向田邦子はすでに「時間ですよ」「だいこんの花」など数々の人気ドラマを次々に執筆する日本を代表する脚本家で、ホームドラマの名手と呼ばれた。代表作のひとつ「寺内貫太郎一家」では、破天荒な楽しさとともに季節の行事や旬の食べ物などを通した家庭の温かさを常に描き、同時に家族に潜む負の部分も等しく描いた。彼女のホームドラマには嘘がないことを視聴者は敏感に感じ取っていた。1975年に乳がんの手術をして以降彼女の創造性はさらに凄みを増し、テレビドラマのジャンルで大胆な冒険を続々と試みる。「阿修羅のごとく」はまさにそんな彼女の革命的なホームドラマの代表作である。

主人公は、綱子（加藤治子）、巻子（八千草薫）、滝子（いしだあゆみ）、咲子（風吹ジュン）の四姉妹。今はみなそれぞれに独立しているが、ある日厳格な堅物だったはずの父親（佐分利信）に愛人と隠し子がいることがわかり、4人は集まることになる。姉妹もそれぞれに事情を抱え、互いに見栄も嫉妬もあり、決して仲がいいばかりではないのに、両親の前ではお互い普通に会話をする。笑いながら会話をしつつ、腹の中では別のことを考えている。

第1話の冒頭、文字とともに加賀美幸子アナが「阿修羅」の解説を読み上げる。「…外には仁義礼智信を掲げるかに見えるが、内には猜疑心強く、日常争いを好み、互いに事実を曲げ、またいつわって他人の悪口を言いあう…」。まさにタイトル通り、阿修羅のごとき四姉妹の振る舞い。しかし彼女たちは、決して敵対す

写真提供 NHK

るわけでも傷つけ合うわけでもない。怖いドラマであることは確かだが、ドラマのトーンは終始どこか明るい。この家族が特別なわけではない。これが、これまで数々のホームドラマに描かれてきた〝普通〟の家庭の真の姿なのだ。だから私たちは背筋が凍るのである。

姉妹を演じる4人の女優たちの演技はみな素晴らしく、もはや演じているように見えないし、本物の姉妹としか思えない。特に向田作品初出演となる八千草薫の小さな仕草に宿る心の揺れの表現には驚く。また、両親を演じる佐分利信と大路三千緒はじめ、巻子の夫役の緒形拳、滝子の恋人となる探偵役の宇崎竜童、綱子の浮気相手・菅原謙次、その妻・三條美紀と、脇を固める俳優たちの演技のリアリティーがすごい。和田勉がホームドラマの演出をするのは珍しいが、さすがの切れ味である。そしてそのすべてを導いているのは、向田邦子脚本の力に他ならない。まさに神がかっていた。

結果的に向田邦子の神がかった冒険は、彼女の墜落事故死によってたった6年ほどで打ち切られてしまった。その短い間に多くの傑作ドラマを生み、数々のエッセイを書き、小説も手がけて直木賞を受賞した。やはり早すぎる、惜しまれる死であった。

前略おふくろ様

Best 5 【28票】

1975年　日本テレビ

Staff & Cast

原案：倉本聰
脚本：倉本聰　市川森一
金子成人ほか
演出：田中知己　吉野洋
高井牧人
音楽：井上堯之　速水清司

出演：萩原健一　梅宮辰夫
桃井かおり　坂口良子
北林谷栄　丘みつ子
室田日出男　川谷拓三
大滝秀治　桜井センリ
田中絹代ほか

角刈りの板前姿でイメージを一新
ショーケンが新境地を見せた人情物語

「傷だらけの天使」の放送終了から半年後の1975年10月に同じ日本テレビでスタートした萩原健一主演の連続ドラマ。脚本をメインで務めたのは「6羽のかもめ」を手がけた後の倉本聰。萩原健一たっての希望で倉本聰とのコンビ作が実現したという。倉本と萩原といえば、大河ドラマ「勝海舟」での岡田以蔵役が印象的だが、2人の中にもその時の記憶があったのだろう。互いへのリスペクトが感じられる作品である。

照れ屋で臆病な板前・さぶこと片島三郎（萩原）の青春を描いた下町人情劇で、さぶが初めて惚れた板前・秀次（梅宮辰夫）との師弟関係、老組頭の一人娘かすみ（坂口良子）との恋、深川木場の移転計画に伴い江戸時代から続いた料亭がつぶれてしまうエピソードも組み込まれた。斜に構え、反抗的な姿勢を見せながら、実は孤独感を抱えているシラケ世代の象徴だった萩原が、やさしく気の弱い青年に扮してイメージを一新。それまでは、役柄を演じるというよりドラマの中で萩原本人が発する素のパワー、ナチュラルなエネルギーのようなものが周囲を巻き込んで行くことで生まれる魅力、いわば〝ショーケン〟というキャラクターの存在がそのまま作品の魅力になっていた。もしかすると萩原自身がそのことに限界を感じていたのかもしれない。今回はアウトローとしての〝ショーケン〟を排除して、頭の上がらない存在を周りにたくさん置こうと倉本は提案したそうである。髪形も角刈りにし、地方出身の無口な青年を演じた。「傷だらけの天使」の修ちゃんをイメージしていた視聴者は驚くと同時に彼の役者としての技術に気付かされたのである。

一方、倉本自身にとっても、札幌在住時代に手がけた重要な作品となった（倉本は女手ひとつで自分を育てた母親を亡くしたばかりだった）。無口な主人公の心の声を表現する目的もあり、さぶが母親宛ての手紙を読むモノローグ形式で物語は進行。モノローグを使用したのは山田太一脚本の「それぞれの秋」（1973

写真提供：日本テレビ

年　TBS）の影響だというが、朴訥としたトーンが大きなプラスの効果を生んでいる。この独特のモノローグが、「北の国から」の純のモノローグへとつながっていくのである。

　そして「前略おふくろ様」のもう一つの魅力が俳優陣である。中でもさぶのはとこ、〝恐怖の海ちゃん〟役の桃井かおりは強い印象を残し、それまで知る人ぞ知る存在だった彼女の人気に火をつけた。またペーソスにあふれる演技で存在感を見せたのが、下町のトビ職人に扮した室田日出男と川谷拓三のコンビ。ふたりは東映の大部屋仲間と〝ピラニア軍団〟を作ったばかりだったが、この作品をきっかけに個性派バイプレイヤーとして売り出すこととなった。他にもプレイボーイのイメージで売り出していた梅宮辰夫の渋く抑えた板前・秀次役や、北林谷栄、丘みつ子、小松政夫、桜井センリなど、多彩な顔ぶれが脇を固めた。さぶの母親は、戦前からの大女優・田中絹代が演じた。

　評判が高かったこともあり、翌76年10月から続編も放送された。続編でさぶが母親の葬儀に赴く第23話の放送4日前に母親役の田中絹代がこの世を去った。

　第9回テレビ大賞優秀番組賞受賞。

太陽にほえろ！

Best
6
【27票】

1972年　日本テレビ系

Staff & Cast

脚本：小川英　長野洋
永原秀一　鴨井達比古
田波靖男　市川森一ほか
演出：竹林進　山本迪夫
金谷稔　澤田幸弘ほか
音楽：大野克夫　井上堯之バンド

出演：石原裕次郎
露口茂　竜雷太
小野寺昭　下川辰平
萩原健一　松田優作
勝野洋　宮内淳
高橋惠子（当時関根恵子）ほか

大スターや名シーンを次々生み出し 歴史を変えた青春アクション刑事ドラマ

黎明期から連綿と放送され続け、現在に至るまでずっとテレビドラマの1大ジャンルとして君臨し続ける「刑事ドラマ」の中で、ひときわ大きく輝いているのがこの「太陽にほえろ！」である。14年間、718話続いた長寿シリーズで、後の刑事ドラマに与えた影響は計り知れない。

東京・新宿の架空の警察署〝七曲署〟が舞台。いわゆる〝所轄〟の刑事たちを主人公にしたことで、市井の人々の身近な事件、小さな犯罪を描いた。そしてそれまでの刑事物と異なり、刑事たちの個性を前面に出した。刑事たちが互いにニックネームで呼び合い、キャラクター設定を明確にすることで、視聴者は彼らに感情移入しながらドラマを見るようになる。時に悩み傷つきながらも、正義感や意地で犯人を追い詰め事件解決に邁進する刑事たち。その人間模様がドラマに奥行きを与えたのである。

そんな刑事たちの中心にいたのが萩原健一である。「太陽にほえろ！」は映画界の大スター・石原裕次郎が初めてレギュラー出演したテレビドラマであり、もちろん彼が主演なのだが、事実上の主人公は萩原健一だった。グループ・サウンズのテンプターズのボーカルとして国民的な人気を博した萩原は、映画「約束」の演技で高い評価を得て、直後に新人刑事・早見淳（通称マカロニ）役に抜擢されたのである。狙いは成功し、ショーケンの自由で新鮮な演技はたちまち若者たちをとりこにした。自ら意見も出し、スタッフとの衝突もあったそうだが、彼の存在が「太陽にほえろ！」の魅力を形作ったのは間違いない。制作陣はマカロニの成長を見守っていくことで長期シリーズにしていこうと考えていたようだが、萩原が1年後に降板を申し入れマカロニは殉職（職務中ではないので正確には殉職ではないという説もある）。人気絶頂の主人公の死という前代未聞の展開が逆に人気を呼んだ。2代目新人刑事となったジーパンこと松田優作もさらなる人気を獲得、ジーパンの殉職シーンはテレビド

© 東宝「太陽にほえろ!」

ラマ史上最もモノマネされたシーンと思われるほどの注目を集めた。同時に、新人刑事が殉職して新たな新人が登場する、という形で常に新陳代謝を図れたことがこの作品が長寿シリーズとなった一つの要因でもあったろう。

当初テレビドラマに懐疑的だったと言われる石原裕次郎だが、この作品で子どもや若者たちにも大きな人気を獲得、その後「大都会」シリーズや「西部警察」シリーズなどテレビドラマに積極的に関わるきっかけとなった。一方放送期間中は常に体の故障と戦い続けた。番組前の結核に始まり、舌の潰瘍の手術、骨折、81年には胸部大動脈瘤で死線をさまよった。番組内ではボスの不在が続いたが、結局自ら降板を申し出る。七曲署捜査一係にボスの交代はあり得なかった。石原裕次郎の降板と同時に「太陽にほえろ!」は14年の歴史に幕を降ろすこととなった。

最終回のボスの登場シーンには、石原本人の申し出で長いアドリブが挿入された。最終回の放送は86年11月。石原はその8か月後に帰らぬ人となった。

岸辺のアルバム

Best 7 【24票】

1977年　TBS系

Staff & Cast

原作・脚本：山田太一
演出：鴨下信一　片島謙二ほか
製作：大山勝美
プロデューサー：堀川とんこう
主題歌：ジャニス・イアン
「ウィル・ユー・ダンス」

出演：八千草薫　杉浦直樹
中田喜子　国広富之
竹脇無我　風吹ジュン
村野武範　沢田雅美
津川雅彦ほか

日常に潜む家族の崩壊を冷徹に見つめた テレビドラマ史上最大の衝撃作

　タイトルバックに流れるのは、1974年9月のニュース映像。多摩川の堤防が決壊して、東京都狛江市の民家が濁流に流されていくショッキングなシーンに、ジャニス・イアンの優しい歌声が奏でる「ウィル・ユー・ダンス」が寄り添い「岸辺のアルバム」は毎回始まる。実際の水害事故をヒントに山田太一が初めて書き下ろした新聞連載小説のテレビドラマ化である。ドラマ化にあたってTBS側は、展開をよりアップテンポにするなどテレビ向けのアレンジを山田に注文したそうだが、山田の返事はノーだったという。今までもホームドラマにはうそが多い。もっと実際の家庭をリアルに描きたい。日常の小さな出来事の中にこそドラマがある。そこを淡々とスケッチしたいという山田の意見が最終的に採用された。

　東京郊外の多摩川べりに住む中流一家の物語。八千草薫扮する妻・則子は、ある日見知らぬ男性・北川（竹脇無我）からかかってきた1本の電話を発端に、定期的に会話を楽しむようになり、喫茶店で会うようになる。そこで語られるクラシック音楽や絵画の話題こそ、まさしく則子にとっての非日常であった。そして、互いの家庭を壊さないという約束のもとラブホテルに通うようになる（今なら不倫と呼ぶところだが、当時はそうは言わなかった）。八千草薫が浮気妻を演じたことは、彼女の貞淑なイメージとのギャップもあり大きな話題となった。PRのための話題作りとして必要以上に強調されたという側面もあるが、実際それは多くの人に衝撃を与えた。

　自らの生き方に疑問を抱かない商社マンの夫・謙作（杉浦直樹）は、しかし会社が危機に陥りプライドの持てない仕事に手を染めざるを得ない。秀才であり、それを誇りにも感じていた娘・律子（中田喜子）は交際していたアメリカ人に裏切られレイプ・中絶を経験する。これまでテレビドラマで描かれることのなかったそれらの出来事は、しかしまぎれもなく彼らにとっての日常として描かれた。

写真提供：TBS　「岸辺のアルバム」

そうした家族内の欺瞞に憤り、秘密をぶちまける高校生の繁（国広富之）の激情の方がかえって非日常に感じてしまうくらいに。「ドラマを見て、ふと家族の顔を改めて見直すような作品にしたかった」と堀川プロデューサーは語っているが、実際問題、これを家族と一緒に見るのは相当しんどかっただろう。

　何気ない会話やふとした仕草のリアリティーに加えて、お互いが懸命に自分の本当の思いを伝えようと言葉を紡ぐ〝山田太一節〟とでもいうべき独特のセリフ回しもこの「岸辺のアルバム」以降顕著になった。決して流暢ではないけれど、自分の本当の気持ちを話そうとする山田太一作品の登場人物たちの言葉は、この後の多くの作品で私たちの胸に突き刺さることになる。

　最終回、彼らの家は洪水で流される。もちろんその結末は最初から視聴者にも明かされていたのだが、それでも最終回までの苛烈な物語の中で私たちはそのことを忘れさせられていた。物質的にも精神的にも多くのものを失い、再び否応無く家族として生きて行かざるを得なくなった4人の後ろ姿。家族とは何かという問いに最後まで安易な答えを与えない、あくまで冷徹なエンディングである。第10回テレビ大賞受賞。

3年B組金八先生

Best 8
【23票】

1979年　TBS

Staff & Cast

脚本：小山内美江子ほか
演出：竹之下寛次　生野慈朗ほか
プロデューサー：柳井満
音楽：瀬尾一三
主題歌：海援隊「贈る言葉」

出演：武田鉄矢　倍賞美津子
赤木春恵　財津一郎
上条恒彦　吉行和子
名取裕子　茅島成美
森田順平　鈴木正幸ほか

武田鉄矢、生涯の代表作となった学園ドラマの金字塔

学園ドラマの歴史を変えた記念碑的作品。同時に主演の武田鉄矢の人生もこの作品で大きく変わった。

メインライターを務めた小山内美江子は当時49歳（向田邦子と同学年）。60年代から活躍するベテラン脚本家で「加奈子」「おゆき」といったポーラテレビ小説枠で名を上げた（両作とも「金八先生」の柳井満プロデューサーとのコンビ作である）。「金八」直前の79年4～9月期には本家とも言えるＮＨＫ朝の連続テレビ小説「マー姉ちゃん」を手がけていた（この時点ではこれが代表作だったろう）。

「金曜8時」枠のドラマを任された柳井満プロデューサーは、旧知の小山内美江子に執筆を依頼した。9月まで朝ドラを書いている人に秋からの連続ドラマを書かせようというのが土台無茶なのだが、粘る柳井プロデューサーに小山内美江子は中学3年生のドラマなら書けると言ったそうだ。女手一つで育てた彼女の長男（のちの俳優・利重剛）が3月まで中学生だったことが理由だった。当時中学校を舞台にした学園ドラマはほとんどなかったので、高校入試や内申書、校内暴力などのテーマはほとんど手付かずのまま残されており、この時点で彼女にはある程度勝算があったと思われる。

そして中でも制作サイドが切り札としていたのが「十五歳の母」のエピソードである。オーディションで選ばれた無名の生徒役が多い中、「十五歳の母」の当事者役には杉田かおると鶴見辰吾という実績のある2人がキャスティングされており、このエピソードの重要度がわかる。単に中学生の妊娠というテーマのセンセーショナリティーに堕ちることなく、当事者以外の生徒、家族、また向き合う金八ほか大人たちの戸惑い＝未熟さもひっくるめて等分に描き切ったのは、脚本の小山内美江子ほか制作サイドの真摯な姿勢の賜物だったろう。のちのたのきんトリオほか生徒役の人気が爆発したこともあり、武田鉄矢扮する「金八先生」は、理想の先生としてティーン層の注目を一

写真提供：TBS 「3年B組金八先生」

気に集めた。視聴率もみるみる上昇し、おばけ番組と呼ばれた裏番組の「太陽にほえろ！」を一気に抜き去る結果となった。

翌年放送された第2シリーズでは校内暴力にスポットを当てた。「卒業式前の暴力」の回で生徒たちが警察に連行されるスローモーションシーンは、テレビ史上に残る名場面と語り継がれている（バックにかかった中島みゆきの「世情」は、その後バラエティー番組などで連行シーンの定番ＢＧＭとなった）。

その後2時間スペシャルとしていくつかのエピソードが放送され、88年に第3シリーズ、95年には第4シリーズが連続ドラマとして復活。以降も定期的に連続ドラマシリーズが作られた。連続ものとしては２００７年の第8シリーズ、単発では２０１１年の「ファイナル」まで、32年にわたり放送される長期シリーズとなった。長期シリーズとなっても、第5シリーズの風間俊介演じる兼末健次郎との対決、第6シリーズの上戸彩演じる鶴本直の性同一性障害、第7シリーズの薬物依存など、現代性のあるテーマに正面から向き合う小山内はじめ制作陣の姿勢は変わらなかった。

あまちゃん

Best 9 【22票】

2013年　NHK

Staff & Cast

作：宮藤官九郎
演出：井上剛　吉田照幸
梶原登城　西村武五郎ほか
制作統括：訓覇圭　菓子浩
音楽：大友良英
アニメーション：鉄拳

出演：のん（当時能年玲奈）
小泉今日子　杉本哲太
小池徹平　橋本愛　松田龍平
古田新太　福士蒼汰　有村架純
薬師丸ひろ子　宮本信子ほか

何年経っても皆に愛され続ける稀有な作品
平成以降で唯一のベストテン入り

NHK「連続テレビ小説」として「おしん」を抑え最高位でのランクイン。同時に平成以降に作られたテレビドラマで唯一ベストテン入りを果たした。これだけ皆に愛され、熱心に語られ、何年経っても自分の人生の一部として寄り添っているドラマは、70年近いテレビの歴史の中でも珍しい。

脚本は宮藤官九郎。舞台を主戦場に活躍していた宮藤は、2000年の「池袋ウエストゲートパーク」の革新的な脚本で一躍注目を集め、以降も「木更津キャッツアイ」「マンハッタンラブストーリー」「タイガー&ドラゴン」など傑作ドラマを次々に発表。この頃にはすでに人気の脚本家だったが、それでも朝ドラへの起用には驚かされた。

母・春子（小泉今日子）の故郷である岩手県北三陸にやってきた引きこもりがちな少女・アキ（のん）が祖母・夏（宮本信子）の背中を追って海女となり、ミス北鉄のユイ（橋本愛）とともにローカルアイドルとして思いがけず人気を得てしまう。やがて東京からのスカウト・水口（松田龍平）からの誘いを受け、アキは東京へ行ってアイドルになりたいという夢を抱くようになる。しかし、母・春子は大反対。春子もアイドルを目指して上京し、挫折した過去があるからだった――。

いわゆる「アイドル」による「村おこし」は（アキとユイが組んだローカルアイドルユニット〝潮騒のメモリーズ〟に会うために北三陸まで大勢の観光客が訪れるなど）まさに今の時代を象徴した題材だが、それ以外にも多くのテーマが描かれた。祖母〜母〜娘と受け継がれていく青春の物語でもあり、東京のアイドルグループの光と影も描かれる。また歌手を目指していたかつての春子（有村架純が演じた）の青春時代もしっかりと描かれ、80年代のカルチャーやヒットソングもたっぷり登場してファンを喜ばせた。もちろん宮藤一流の引用やパロディー、マニアックな小ネタも多数。新語・流行語大賞に輝いた「じぇじぇじぇ」ほか名

連続テレビ小説「あまちゃん」　写真提供　NHK

ゼリフも満載で、それまで朝ドラを見ていなかった男性層や若い女性層の支持も集め、一種の社会現象のような人気の広がりを見せた。

だがなんといっても驚かされたのは、２０１１年３月の東日本大震災を正面から描いたことである。18歳の春子が東京へ出ていったのは１９８４年（第１話の冒頭で松田聖子やチェッカーズの歌が流れる）。アキを連れて戻ってきたのが24年後の２００８年。アキがアイドルを目指して上京するのが２００９年。春子が東京に戻ってアキの個人事務所を作るのが２０１０年。第１話から周到に時が刻まれていたことに本当に驚く。明るく楽しく、時に切ない思いで見ていたドラマの景色が一気に変わった。「もう少しで２０１１年が来る！」と気づいてからは、毎日ドキドキしながらドラマを見守った。毎日放送されることがとても効果的だった。

主人公たちはみんなで変わらぬ日常を生きることを選んだ。鈴鹿ひろ美（薬師丸ひろ子）の影武者の呪縛から解放される春子。２０１２年を描く最終回、潮騒のメモリーズ～春子～鈴鹿ひろ美が歌い継ぐ「潮騒のメモリー」をバックに、トンネルを駆けていくアキとユイの後ろ姿はまさに希望と祈りの象徴であった。

夢千代日記

Best 10【21票】

1981年　NHK

Staff & Cast

脚本：早坂暁
演出：深町幸男ほか
製作：勅使河原平八
音楽：武満徹

出演：吉永小百合
林隆三　秋吉久美子
樹木希林　中村久美
加藤治子　中条静夫
夏川静江　あがた森魚ほか

ひなびた温泉宿に行き交う人々の悲哀
吉永小百合の美しさが際立つ

ＮＨＫ「ドラマ人間模様」枠で放送されたヒットシリーズで、テレビにおける吉永小百合の代表作である。脚本は早坂暁。チーフ演出は深町幸男で、吉永が「お２人とお仕事をご一緒したい」と申し入れて作られた企画と言われる。早坂と深町は「ドラマ人間模様」の枠で「冬の桃」「赤サギ」「事件」シリーズなどを共に手掛けていた。吉永は「お２人のドラマを拝見して、ぜひ出させていただこうと思ったんです。人間を温かいまなざしで見つめているドラマを作られるので、とても惹かれました。それから悪い人がいない。悪いことをする人にもどこかいいところがあるんです」と語る。

　吉永演じる夢千代は、山陰の小さな温泉町の置屋・はる家の女将。胎内被爆した被爆二世で白血病を患っている。時代の流れに取り残されたようなひなびた温泉街を舞台に、肩寄せ合って暮らす幸薄い人々たちの人間模様が、夢千代の日記をもとに綴られていく。

　撮影が行われたのは兵庫県美方郡温泉町（現・新温泉町）。ロケ地となった温泉町の湯村温泉は、今も夢千代の里として知られる。町を流れる春来川の川べりには「夢千代像」が建てられており、その後、夢千代こと吉永小百合はこの町の〝名誉町民〟となっている。

　神戸の病院に通う夢千代が山陰本線で帰ってくる車内から物語が始まるのだが、トンネルを抜け、余部鉄橋を渡ると、時間が止まったようなわびしさと温もりを感じさせる夢千代の世界に一気に引き込まれる。いわば川端康成「雪国」の現代版だ。第１話冒頭、武満徹のテーマ音楽に乗せて、「表日本はあんなに晴れていたのに、山を抜けたらいっぺんに鉛色の空になっている――」と語る吉永小百合のモノローグがドラマ全体の空気を体現しているようだ。そして夢千代を取り巻く人々も、みな生き生きと息づいていた。みな弱くそして優しい。金魚を演じた秋吉久美子はじめ、樹木希林や夏川静江、中村久美らの芸者たち、加藤治子や中条静夫、緑魔子、あがた森魚、長門勇ら、

写真提供　NHK

町の人々の温かさが、現代を生きることに疲れた者たちを癒す。

吉永小百合の美しさに酔い、山陰の冬景色の寂しさに心を打たれながら、見終わった視聴者の胸には、被爆者の哀しみと原爆被害の悲惨さが重く心に残される。脚本の早坂は終戦後、原爆投下から2週間しか経っていない広島を訪れ、一生忘れられない光景を見たという。まだ16歳の少年だった。それ以来、いつかこのことを書かなければという思いをずっと胸に抱き続けていたそうだが、吉永小百合を芸者にするという設定を考える中でその機会はふいに訪れた。物語のバックストーリーとして語られる夢千代の哀しみは、声高に反原爆を叫ぶよりはるかに心に残る。

翌年には同じ「ドラマ人間模様」枠で「続　夢千代日記」（全5話）が放送。84年には松田優作が記憶喪失のボクサー・タカオと歌人・前田純孝を二役で演じて話題となった「新　夢千代日記」（全10話）が放送されている。

第14回テレビ大賞優秀番組賞受賞。

おしん

1983年　NHK

Best 11 【20票】

Staff & Cast

脚本：橋田壽賀子
演出：江口浩之
小林平八郎
竹本稔ほか
制作：岡本由紀子
音楽：坂田晃一
ナレーター：奈良岡朋子
出演：小林綾子
田中裕子　乙羽信子
伊東四朗　泉ピン子
大路三千緒　長岡輝子
中村雅俊　小林千登勢
東てる美　渡瀬恒彦
渡辺美佐子　並木史朗
北村和夫　高森和子
高橋悦史　浅茅陽子ほか

連続テレビ小説「おしん」　写真提供　NHK

貧しさに耐え生き抜いた姿に日本中が泣いた 最高視聴率記録の、伝説の朝ドラ

最高視聴率62・9％を記録し、今もテレビドラマにおける最高視聴率記録を持っている連続テレビ小説「おしん」。

脚本を担当したのは、NHKで「となりの芝生」や「おんな太閤記」など人気ドラマを書いていた橋田壽賀子。連続テレビ小説としては8年ぶりとなる1年間にわたって放送されたドラマであった。

奉公勤めから、スーパー経営者として成功するまで、明治から昭和に至る女の一代記を描いたドラマで、おしん役も小林綾子、田中裕子、乙羽信子の3人が演じ継いだ。特に子ども時代を演じた名子役・小林綾子の演技は、日本中の涙を誘った。雪が舞う中をいかだに乗って奉公先に送られるおしんを、父親役の伊東四朗が涙で見送る印象的なシーンは、実は別々に撮影されていたというのは有名な話である。「おしん」の人気は日本だけでなく海外にも波及し、シンガポールやタイでも現地の言葉に吹き替えて放送され、世界中で人気を博した。

第16回テレビ大賞受賞。

時間ですよ

Best 12【18票】

1970年　TBS

森光子主演で人気シリーズとなった銭湯が舞台のホームドラマ

写真提供：TBS「時間ですよ」

Staff & Cast

脚本：橋田壽賀子ほか
演出：久世光彦ほか
音楽：山下毅雄

出演：森光子　船越英二
松山英太郎　大空眞弓
松原智恵子　樹木希林（当時悠木千帆）
堺正章　川口晶ほか

堺正章の「おかみさ〜ん、時間ですよ〜」で始まる人気ドラマ。銭湯「松の湯」を舞台に、森光子演じるしっかり者のおかみさんと、船越英二演じるお人好しの亭主を中心に、従業員役の堺正章や樹木希林（当時悠木千帆）をはじめ、江戸家猫八や左とん平らが脇を固め、人情話とコントのようなギャグが融合したドラマであった。

第2シリーズからは〝隣りのマリちゃん〟天地真理が出演、第3シリーズでは〝お手伝いのミヨちゃん〟浅田美代子が公募で選ばれ、劇中で歌った「赤い風船」も大ヒットした。久世光彦の独特の演出も話題を集め、30％前後の視聴率をキープした。また、毎回、女湯のヌードシーンが映るのもお約束だった。

65年に日曜劇場で1話完結で放送されたあと、70年からレギュラードラマ化。第3シリーズまで放送され、その後も「時間ですよ昭和元年」「時間ですよふたたび」「時間ですよたびたび」「時間ですよ平成元年」と続いた。

警部補・古畑任三郎

Best 12【18票】

1994年　フジテレビ

写真提供：フジテレビ／共同テレビ

Staff & Cast

脚本：三谷幸喜
演出：星護　河野圭太　松田秀知ほか
プロデュース：関口静夫ほか
音楽：本間勇輔

出演：田村正和
西村まさ彦（当時西村雅彦）
小林隆ほか

脚本家・三谷幸喜の名を一躍全国区にした田村正和主演の本格倒叙ミステリー

劇作家・舞台演出家としても、映画監督としても活躍しながら、現在日本で最も重要なドラマ脚本家のひとりである三谷幸喜が、その名を一躍全国区にしたのがこの「警部補・古畑任三郎」である。「刑事コロンボ」で有名な倒叙形式（最初に犯人による犯行が描かれ、その犯行がどう解明されるかが見どころとなる）の本格ミステリードラマで、三谷脚本の魅力が存分に発揮された。

主演は田村正和。時代劇から、ホームドラマ、大人の恋愛ドラマからコメディーまで、多彩な代表作を数多く持つ田村にとっても、意表を突く作品であったと思うが、結果的に06年正月の「ファイナル」まで、足掛け13年にわたって同じ役を演じ続けることとなる。今ではこの「古畑」が彼のもっともポピュラーなキャラクターになったといえるだろう。そしてこの作品のもう一つの魅力が豪華な犯人役のゲストたち。ラスト近くで田村とゲストのがっぷり四つの演技合戦を見ることができるというのも、「古畑」の大きな見どころだった。

男たちの旅路

Best 14 【17票】

1976年　NHK

特攻隊生き残りの戦中派と若者の衝突 思い切った表現が大きな共感を生んだ

写真提供　NHK

Staff & Cast

脚本：山田太一
演出：中村克史
音楽：ミッキー吉野
演奏：ゴダイゴ

出演：鶴田浩二　水谷豊
森田健作　桃井かおり
五十嵐淳子　金井大
前田吟　久我美子　中条静夫ほか

本当に言いたいことを言うドラマを作ろうとスタートしたNHKの「土曜ドラマ」枠で、シリーズ名に脚本家の名を冠した「山田太一シリーズ」として放送された。

主演はNHKドラマ初出演の鶴田浩二。書き下ろしを依頼された山田が、鶴田の特攻隊時代の話を聞いたことが、このドラマのベースになっている。それまで任侠映画のスターであった鶴田をガードマン役に起用。戦中派の鶴田と、水谷豊、桃井かおりといった若者たちとの衝突を1話完結のスタイルで描き、「シルバーシート」「車輪の一歩」などの傑作を生んだ。鶴田演じる吉岡司令補は「若いやつは嫌いだ」「おれはお前たちが嫌いなんだ」とズケズケ言い説教する、若者に迎合しないドラマであった。裏番組に「8時だョ!全員集合」「欽ちゃんのドンとやってみよう!」があったにもかかわらず、高視聴率を獲得。82年のスペシャル「戦場は遥かになりて」で完結した。

木枯し紋次郎

Best 15【15票】

1972年　フジテレビ

Staff & Cast

原作：笹沢左保
脚本：久里子亭　服部佳　山田隆之　大藪郁子ほか
演出：市川崑　池広一夫　森一生　出目昌伸ほか
音楽：湯浅譲二
主題歌：上條恒彦「だれかが風の中で」

出演・中村敦夫ほか

「あっしには、かかわりのねえことでござんす」一世を風靡したアナーキー・アウトロー・ヒーロー

笹沢左保の原作をもとにした股旅物だが、様式的なテレビの時代劇と一線を画したリアルな映像美とニヒルな世界観で、ホームドラマ全盛の時代に異例のヒットとなり、テレビの時代劇を変えた。

制作協力した大映京都の親会社・大映が倒産するという厳しい製作状況の中、市川崑をメイン演出に、池広一夫や森一生、三隅研次など名だたる映画監督が参加、本格的な時代劇演出が行われた。主人公の渡世人・紋次郎のキャラクターがまた強烈だった。凛々しいヒーローというよりも着のみ着のままの姿でふらりと現れ、手製の楊枝をくわえたその孤独な風貌は大きな評判となり、主演の中村敦夫も大人気となった。後ろ盾を持たず、自分の力だけを頼りに生きる紋次郎の人生観が当時の世相にマッチしたともいわれる。「あっしにはかかわりのねえことでござんす」の名ゼリフは、子どもから大人までみんなが真似をした。小室等が作曲し、上條恒彦が歌う主題歌「だれかが風の中で」も大きなヒットとなった。

淋しいのは お前だけじゃない

1982年　TBS

Best 15
【15票】

サラ金の取り立てと大衆演劇のハイブリット 優れた脚本と奇抜な演出で数々の賞に輝いた

写真提供：TBS　「淋しいのはお前だけじゃない」

Staff & Cast

脚本：市川森一
演出：高橋一郎　浅生憲章　赤地偉史
プロデューサー：高橋一郎
主題歌：西田敏行

出演：西田敏行　泉ピン子
木の実ナナ　財津一郎
萬田久子　橋爪功
河原崎長一郎　真屋順子
山本亘　潮哲也　矢崎滋
小野武彦　梅沢富美男ほか

　サラ金への借金返済に困った人々が、偶然、旅回り一座を結成。そこで鍛えた演技力とチームワークで〝地獄〟を脱出するという人情喜劇。東京・下北沢の劇場「ザ・スズナリ」で、西田敏行ら素人旅回り一座が、劇中劇として、毎回「一本刀土俵入り」「梅川忠兵衛」「血煙荒神山」「白浪五人男」といった大衆演劇を上演し劇場から舞台中継、舞台と観衆の醸し出す独特の一体感を作り出した。内容もユニークだが、その演出方法も奇想天外。無類の面白さで、後のドラマに大きな影響を与えた。〝下町の玉三郎〟と呼ばれた大衆演劇のスター・梅沢富美男の出演も話題を集めた。

　脚本は「港町純情シネマ」で80年芸術選奨新人賞を受賞した市川森一、演出は同じく「港町純情シネマ」の高橋一郎と、「隣りの女」で芸術祭奨励賞を受けた浅生憲章が担当。

　本作は第15回テレビ大賞を受賞し、脚本の市川森一も、本作で第1回向田邦子賞を受賞した。

王様のレストラン

Best 17 【14票】

1995年　フジテレビ

Staff & Cast

脚本：三谷幸喜
演出：鈴木雅之　河野圭太
プロデューサー：関口静夫
出演：松本白鸚（当時松本幸四郎）　筒井道隆
山口智子　鈴木京香
西村まさ彦（当時西村雅彦）
小野武彦　梶原善
白井晃　伊藤俊人ほか
ナレーション：森本レオ

写真提供：フジテレビ／共同テレビ

素晴らしい！ レストラン再建に挑む良き仲間たちの人生讃歌

「警部補・古畑任三郎」の成功を受け、自ら最も得意なジャンルの物語を最も得意なスタイルでドラマ化した、三谷幸喜最高傑作との呼び声も高いウェルメイドな人生讃歌。

初代オーナーが亡くなり、傾きかけたフレンチレストラン「ベル・エキップ」を再建しようとする伝説のギャルソンと若きオーナー、シェフ、ソムリエら、レストランで働くものたちの悲喜こもごもの群像物語である。登場人物も限られ、舞台もほぼレストラン内に限定されているが、そこにあふれる人間模様の豊かさは他に類を見ない。笑わせて、笑わせて、そして泣かせる、緻密かつ緩急自在な三谷幸喜脚本の妙に加え、松本白鸚（当時幸四郎）、筒井道隆、山口智子、鈴木京香、西村まさ彦らが演じるレストランの仲間たち12人の魅力的なことと言ったらない。

そしてもうひとつ忘れてならないのが服部隆之の音楽だろう。このあと「HERO」「半沢直樹」など、服部隆之の音楽が印象的に使われるドラマが多く作られる。

ドクターX
～外科医・大門未知子～

Best
18
【13票】

2012年　テレビ朝日

写真提供：テレビ朝日　「ドクターX～外科医・大門未知子～」

Staff & Cast

脚本：中園ミホ
演出：田村直己　松田秀知
ゼネラルプロデューサー：内山聖子
音楽：澤田完

出演：米倉涼子　田中圭
内田有紀　勝村政信
鈴木浩介　岸部一徳
段田安則　伊東四朗ほか

「三度の飯よりオペが好き」な大門未知子 医療ドラマブームをけん引するヒット作

「これは一匹狼の女医の話である…」という田口トモロヲによるナレーションもすっかりおなじみとなった、米倉涼子演じる天才外科医・大門未知子の活躍を描く痛快医療ドラマ。第1期のヒットを受けてシリーズ化され、スピンオフドラマも作られる人気シリーズとなった。第1期の脚本は全話を通して中園ミホが担当し、本作で第31回向田邦子賞を受賞している。

シリーズ化されてから、内田有紀や岸部一徳、対立する西田敏行や遠藤憲一らのコミカルな演技に加え、「わたし、失敗しないので」や「御意」などの決めゼリフも評判になり、今やドクターXは米倉涼子にとって代名詞とも言えるような大きなドラマとなった。

まるで時代劇のようで、一見コミカルなドラマと思いきや、最新の医療事情と、細かなリアリティーが追求されており、専門家の評価も高いと言う。昨今の医療ドラマブームをけん引している作品と言える。

いだてん

2019年　NHK

Best
19
【12票】

五輪と落語と日本人の誇りの物語
宮藤官九郎脚本による異色の大河ドラマ

Staff & Cast

作：宮藤官九郎
演出：井上剛　西村武五郎
一木正恵　大根仁ほか
制作統括：訓覇圭ほか
音楽：大友良英
題字：横尾忠則
出演：中村勘九郎
阿部サダヲ
役所広司　綾瀬はるか
竹野内豊　杉本哲太
中村獅童　大竹しのぶ
生田斗真　杉咲花
ビートたけしほか

大河ドラマ「いだてん」　写真提供　NHK

1912年（日本人が初めて参加したストックホルムオリンピック開催）から1964年（東京オリンピック開催）までを描き、33年ぶりに近現代が舞台となった大河ドラマ第58作。脚本は宮藤官九郎のオリジナル。演出は井上剛、大根仁ほか。

日本初のオリンピック選手・金栗四三（中村勘九郎）と、東京オリンピック招致に力を尽くした田畑政治（阿部サダヲ）の2人がリレー形式で主人公を務め、物語全体は古今亭志ん生（ビートたけし）の噺として進むという、異例ずくめの大河ドラマであった。「オリンピック」をメインテーマとして52年の歴史が描かれるが、その間には震災があり、戦争がある。数多くの人物が行き交い、時代も自在に前後する。記憶に新しいいくつもの史実の中に、大胆に埋め込まれたフィクションが輝きを放つ。躍動感に満ちたセリフと1年がかりで伏線を回収する緻密な構成のカタルシスは、まさに宮藤脚本の真骨頂であった。各回のサブタイトルに、小説・映画・音楽などの作品名が配されているのも楽しかった。

天下御免

Best 20 【11票】

1971年　NHK

自由人・平賀源内が縦横無尽に駆けまわる風刺精神に満ちた破天荒な意欲作

写真提供　NHK

Staff & Cast

脚本：早坂暁
演出：岡崎栄　山本誠ほか
プロデューサー：小川淳一
ナレーター：水前寺清子

出演：山口崇　林隆三
秋野太作（当時津坂匡章）　中野良子
山田隆夫　坂本九
ハナ肇　太地喜和子ほか

江戸中期、四国・高松藩が生んだ天才・平賀源内が、難題をチームプレーで次々に解決していく姿を軸に現代社会を風刺。高度成長期の世相を田沼意次の時代に重ねて激烈なパロディー精神を発揮して作られた異色時代劇である。奇想天外な着想と、時代劇の決まりごとにとらわれない破天荒な演出で、平均30％に迫る視聴率を獲得した。

「白髪の源内ではつまらない」と、若者の設定にして山口崇が演じ、小野右京之介役の林隆三と、稲葉小僧役の秋野太作（当時津坂匡章）でトリオを結成、ヒロインの武家娘・美弥はＮＨＫ初出演の新人・中野良子が演じた。

源内たちの江戸入りシーンでは、始まって間もない銀座の歩行者天国でロケを行い、江戸時代のスタイルで闊歩する源内たちに驚く通行人の様子もそのまま撮影した。歴史上では獄死したとされる源内だが、最終回では気球に乗ってフランスに亡命、最後まで予想のつかない展開で、自由人の源内を描ききった。

寺内貫太郎一家

Best 20 【11票】

1974年　TBS

写真提供：TBS 「寺内貫太郎一家」

Staff & Cast

原作：向田邦子（原案）
脚本：向田邦子　福田陽一郎
演出：久世光彦　宮田吉雄　服部晴治ほか
プロデューサー：久世光彦
出演：小林亜星　加藤治子
樹木希林（当時悠木千帆）　梶芽衣子
西城秀樹　浅田美代子
左とん平　由利徹
藤竜也　篠ひろ子（当時篠ヒロコ）
横尾忠則　伴淳三郎ほか

向田邦子が自分の父親をモデルに書いた カミナリ親父のドラマが大ヒット

向田邦子が自分の父親をモデルに脚本を書き、久世光彦ディレクターとタッグを組んだ大ヒットホームドラマ。

代々続く石材店を営むカミナリ親父の寺内貫太郎を演じたのは、ドラマ初挑戦の作曲家・小林亜星。役者としはズブの素人からいきなりの大抜擢であった。当初、向田はあまりに自分の父親とイメージが違うため不服そうであったが、やがて亜星こそが貫太郎そのものであると認めるようになったという。

長女（梶芽衣子）が足が悪いという設定でドラマ界のタブーを破り、パート2では長男（谷隼人）が前科者で犯罪未遂で断罪された青年に設定、一家の怒りと嘆きと愛を描いた。

毎回、父・小林亜星と息子・西城秀樹の体を張った親子喧嘩のシーンや、きんばあちゃん（樹木希林）が沢田研二のポスターの前で「ジュリ〜」と身悶えするシーンなど、久世演出の見どころにあふれたドラマである。

第7回テレビ大賞受賞。

東京ラブストーリー

Best 20 【11票】

1991年　フジテレビ

Staff & Cast

原作：柴門ふみ
脚本：坂元裕二
演出：永山耕三　本間欧彦
音楽：日向敏文
主題歌：小田和正
「ラブ・ストーリーは突然に」
出演：鈴木保奈美
織田裕二　江口洋介
有森也実　千堂あきほ
西岡徳馬　中山秀征
伊藤美紀　五島悦子
水島かおりほか

写真提供：フジテレビ

若い力で新たな時代の扉を開けた平成を代表する恋愛ドラマの金字塔

視聴率という指標で捉えた場合、テレビドラマは90年代に一つの頂点を迎える。そして、多くの人気ドラマがしのぎを削った「ドラマ黄金期としての90年代」の幕を切って落としたのが、この「東京ラブストーリー」であった。当時の若者たちにとってこのドラマは本当に切実で、みんながリカやカンチに感情移入しながらドラマを見ていた。脚本を手掛けた坂元裕二は、1987年に始まった「フジテレビヤングシナリオ大賞」の第1回の大賞受賞者(受賞当時は19歳だった)で、「同・級・生」に続く柴門ふみ作品のドラマ化。鈴木保奈美は連ドラ初主演だし、織田裕二も江口洋介も初めての月9出演。大多亮プロデューサーはまだ32歳。演出の永山耕三も初の連続ドラマチーフディレクター。のちにそれぞれ一時代を築くことになるスタッフやキャストたちだが、当時はみな一様に若い。そういうドラマがこれだけの成功を収めたのはおそらく偶然ではないだろう。90年代以降のドラマの方向性を決めた記念碑的作品である。

高校教師

1993年　TBS

Best 20 【11票】

教師と女子高校生の禁断の愛を描いて大きな支持を得た野島伸司脚本の衝撃作

写真提供：TBS 「高校教師」

Staff & Cast

脚本：野島伸司
演出：鴨下信一　吉田健　森山亨
プロデューサー：伊藤一尋
主題歌：森田童子「ぼくたちの失敗」

出演：真田広之　桜井幸子
赤井英和　京本政樹
持田真樹　峰岸徹
中村栄美子　渡辺典子ほか

これまであまりテレビドラマに登場することのなかった、レイプ、近親相姦などが次々に登場する衝撃作である。脚本の野島伸司は、「高校教師」と「ひとつ屋根の下」を同じ年に発表していることになり。その作家としての幅の広さにも驚かされる。

「高校教師」は、アブノーマルな世界を描いていても、画面には一定の静寂が保たれていた。高校の生物の教師である羽村隆夫（真田広之）と、高校生の繭（桜井幸子）、そして繭の父（峰岸徹）の3人を軸にドラマは進んでいく。森田童子の歌う切ない主題歌も、ドラマの静寂をさらに深める効果を高めていた。

最高視聴率33％を記録した最終回、警察から逃げる羽村と繭は、お互いを赤い糸で結んで列車の座席で寄り添って眠る。赤い糸のついた繭の手が、列車の振動でダランと垂れる。起きない2人……。眠っているだけなのか死んでしまったのか論議を呼んだ、味わい深いラストシーンであった。

黄金の日日

Best
24
【10票】

1978年　NHK

庶民の立場から描かれた商人が主人公の初めての大河ドラマ

大河ドラマ「黄金の日日」　写真提供　NHK

Staff & Cast

原作：城山三郎
脚本：市川森一　長坂秀佳
演出：高橋康夫ほか
音楽：池辺晋一郎
語り：梶原四郎

出演：松本白鸚（当時市川染五郎）
栗原小巻　林隆三
川谷拓三　根津甚八
丹波哲郎　鶴田浩二
名取裕子　夏目雅子
高橋幸治　緒形拳ほか

原作・城山三郎、脚本・市川森一による第16作目の大河ドラマ。このドラマは最初に原作があるのではなく、NHKスタッフ、原作者、脚本家の三者の合議により大まかなストーリーを考えてから、それぞれ書き進めていくという新しいスタイルで作られた。

戦国末期、堺の豪商・呂宋助左衛門を主人公として、経済の視点から日本史をとらえるという画期的な手法をとった。単なる戦記物ではなく、庶民の立場から描いたドラマで、初めて商人が主人公となったという点でも、これまでの大河ドラマと一線を画している。視聴者の評判もよく、最高視聴率は34・4％を記録した。

主人公の助左衛門を演じたのは、歌舞伎界のプリンスだった現・松本白鸚（当時市川染五郎）。共演は栗原小巻、鶴田浩二、根津甚八ほか。

大河ドラマで初めて、フィリピンでの海外ロケが行われたことも話題を集めた。

白い巨塔

Best 24 【10票】

2003年　フジテレビ

写真提供：フジテレビ／共同テレビ

Staff & Cast

原作：山崎豊子
脚本：井上由美子
演出：西谷弘　河野圭太ほか
制作統括：大多亮
音楽：加古隆

出演：唐沢寿明　江口洋介
黒木瞳　矢田亜希子
高畑淳子　若村麻由美
沢村一樹　上川隆也
伊武雅刀　伊藤英明
石坂浩二　西田敏行ほか

社会派医療ドラマの古典にして代表作 井上由美子脚本&唐沢寿明主演版がランクイン

大学病院を舞台に、医学界に渦巻く人間関係を赤裸々に描いた社会派医療ドラマの代表的作品。医療現場を描くだけでなく、医局制度や教授選挙をめぐる学内での政治や癒着、いびつな権力構造を暴き、誤診裁判の問題にも切り込んだ壮大な物語である。山崎豊子によるベストセラー小説が原作で、1978年の田宮二郎主演版（フジテレビ系）ほか何度もドラマ化されているが、今回は2003年の唐沢寿明主演版がランクインした。

脚本は井上由美子。異例の2クールでの放送であったが、内容的にも視聴率的にも成功を収めた。40年近く前の原作で、いわば古典ともいえる物語を最新の医療事情を盛り込むなど、21世紀に生き生きとよみがえらせ、特に財前（唐沢寿明）と里見（江口洋介）の友情物語の側面が際立ち、これまでで最も人間的な「白い巨塔」と評された。世界で初めてアウシュビッツ強制収容所でのロケを成功させたことでも話題となった。

JIN ー仁ー

Best 24 【10票】

2009年　TBS

現代の脳外科医が江戸時代にタイムスリップ その結末に涙が止まらない

写真提供：TBS 「JINー仁ー」

Staff & Cast

原作：村上もとか
脚本：森下佳子
演出：平川雄一朗　山室大輔ほか
主題歌：MISIA「逢いたくていま」

出演：大沢たかお　綾瀬はるか
中谷美紀　内野聖陽
小出恵介　桐谷健太
武田鉄矢　小日向文世ほか

原作は村上もとかのSF時代劇コミック。偶然、江戸時代にタイムスリップしてしまった現代の脳外科医の活躍を描いて、第15回手塚治虫文化賞マンガ大賞を受賞した名作。

ドラマでは主人公の医師・南方仁を大沢たかお、仁の現代での恋人・友永未来と江戸・吉原の花魁・野風の二役を中谷美紀、江戸時代に生きる武家の娘・橘咲を綾瀬はるかが演じた。

現代医学の知識をもとに、江戸時代の医師や職人たちの協力を得て、医療道具や薬を作り、新たなアプローチで手術や治療を施していく。工夫次第で不可能を可能にしていく南方仁の前向きな生き方は、視聴者に強い印象を残した。

09年の連続ドラマでは最高の25.3％の視聴率を記録。東京ドラマアウォード、ギャラクシー賞、橋田賞、ソウルドラマアワーズなど海外の賞も含め30以上の賞を獲得した。

11年には「JIN－仁－完結編」が放送され、こちらもヒットした。

最後から二番目の恋

Best 24 【10票】

2012年　フジテレビ

写真提供：フジテレビ

Staff & Cast

脚本：岡田惠和
演出：宮本理江子　並木道子ほか
音楽：平澤敦士
主題歌：浜崎あゆみ
「how beautiful you are」

出演：小泉今日子　中井貴一
飯島直子　内田有紀
坂口憲二　佐津川愛美
浅野和之　益若つばさ
森口博子　渡辺真起子ほか

芸達者なキャストたちの会話劇がたのしい岡田惠和脚本による大人の青春ラブコメディー

古都・鎌倉を舞台に、45歳の独身女性テレビプロデューサーと50歳の独身市役所観光課長が織りなす大人の青春ラブコメディー。脚本は、90年代以降のテレビドラマの保守本流を歩んできた岡田惠和。「寂しくない大人なんていない」をキャッチフレーズに、40~50代を迎えた主人公たちが仕事や恋につまづきながらも明日に立ち向かう、ほほえましくもほろ苦い人生の機微を軽快に描く。

特に日々の生活の中で自らの年齢を意識させられることの多い同世代の女性たちから大きな支持を得た。小泉今日子、中井貴一、飯島直子、内田有紀ら芸達者なベテランたちが自由に会話を繰り広げるさまは、まさに彼らの日常に立ち会っているような楽しさ。ワンシーンを比較的長く回し、圧倒的な量の会話の応酬をテンポよく見せる構成は、まさに岡田脚本の面目躍如である。2年後には続編「続・最後から二番目の恋」も放送。浜崎あゆみの歌う主題歌も味わい深かった。

半沢直樹

Best 24 【10票】

2013年　TBS

Staff & Cast

原作：池井戸潤
脚本：八津弘幸
演出：福澤克雄　棚澤孝義　田中健太
音楽：服部隆之
ナレーター：山根基世

出演：堺雅人　上戸彩
及川光博　片岡愛之助
石丸幹二　赤井英和
倍賞美津子　笑福亭鶴瓶
北大路欣也　香川照之ほか

「倍返しだ！」が流行語になり空前のヒット 社会現象となった平成を代表するヒットドラマ

最終回で42・2%の驚異的な視聴率を記録。「倍返しだ！」のセリフが流行語大賞に輝くなど、まさに社会現象となったドラマである。原作は池井戸潤の「オレたちバブル入行組」「オレたち花のバブル組」の人気連作シリーズで、2作品を5話ずつ2部構成でドラマ化したのも当時は画期的だった。池井戸潤は企業小説の名手として知られ、「半沢直樹」以前にもいくつかの作品がドラマ化されていたが民放地上波での連続ドラマはこれが初めてだった。このドラマ以降各局で池井戸作品のドラマ化が相次いだ。

堺雅人演じるバブル入社組の銀行員・半沢直樹が、理不尽な銀行組織や姑息な上司に立ち向かい、不正を正して行く姿を描いた企業エンターテインメント。闇雲に巨悪に挑むのではなく、あくまで銀行員・企業人としての矜持を貫く姿勢が幅広い層の共感を得た理由の一つだ（そのあたりのバランスの良さは池井戸作品の真骨頂である）。またドラマでは及川光博や滝藤賢一が演じた同期入社組との絆が軸になっているのもこの作品の特徴で、それがフィクショナルになりがちなドラマのリアリティーを支えていた。

そして「半沢直樹」の魅力といえばなんといっても敵役である。もはや生涯の当たり役といってもいい香川照之演じる宿敵・大和田常務はじめ、石丸幹二、片岡愛之助から、宇梶剛士、森田順平、手塚とおる、緋田康人、宮川一朗太、加藤虎ノ介など、大物小物取り混ぜた悪役陣のやられっぷりが楽しく、この快感が「半沢直樹」が時代劇的と言われる所以だろう。彼らの怪演がドラマを大いに盛り上げた。

最終回の長回し会議シーンは、台本が20ページ近くあったという。あまりにも有名な大和田常務の土下座シーンは、各方面でパロディーが作られるほど話題となった。ラスト、半沢が東京セントラル証券に出向を命じられるという苦味を伴う結末の意外性も注目されたが、出向した半沢のその後は、20年に続編としてドラマ化され、やはり大ヒットとなっている。

俺たちの旅

Best 29【9票】

1975年　日本テレビ

© ユニオン映画

今を大事に生きる若者たちの姿に共感
青春ドラマ不朽の名作

Staff & Cast

脚本：鎌田敏夫ほか
演出：斎藤光正ほか
音楽：トランザム
主題歌：中村雅俊「俺たちの旅」

出演：中村雅俊
秋野太作（当時津坂まさあき）田中健
森川正太　金沢碧
岡田奈々　石橋正次
名古屋章　八千草薫
秋本圭子　上村香子ほか

主人公はどこにでもいそうな若者3人。一本気なカースケこと浩介（中村雅俊）、お坊ちゃんで何をしてもダメなオメダこと隆夫（田中健）、浩介の郷里の先輩で失業中のグズ六こと伸六（秋野太作）。3人はサラリーマンになりたくない。学生時代の自由な空気が忘れられず、便利屋「なんでもする会社」を立ち上げることになる。

長髪にツギハギのベルボトムのジーンズ、ゲタばきというカースケ・スタイルは中村の自前の普段着。このライフスタイルが若者の圧倒的な支持を受け、中村の人気は決定的なものとなった。青春ドラマはたくさんあるが、「俺たちの旅」ほど熱烈な支持を集めた作品も少ない。中村の歌う小椋佳作詞・作曲による主題歌も大ヒットし、当初半年の予定だった放送期間も高視聴率のため1年間に延長された。

その後、「俺たちの朝」「俺たちの祭」と俺たちシリーズが続き、青春ドラマの新しい潮流が作られた。

今朝の秋

Best
29
【9票】

1987年　NHK

あらためて家族とは何かを考えさせられる
山田太一×笠智衆が送る感動作

写真提供　NHK

Staff & Cast

脚本：山田太一
演出：深町幸男
音楽：武満徹

出演：笠智衆　倍賞美津子
樹木希林　杉浦直樹
名古屋章　五大路子
加藤嘉　杉村春子ほか

50代の息子（杉浦直樹）ががんで入院。余命が3カ月と聞き、蓼科で隠居生活を送っていた男（笠智衆）が息子に会うために上京する。そこで男は、20年以上前に別に男を作って別れた前妻（杉村春子）と再会してしまう。男は彼女をまだ許せないが、彼女もまた息子との最後の時を過ごそうとしていたのであった。そして父は、周囲には内緒で息子を蓼科に連れて帰ろうと思う……。

あらためて家族とは何かを考えさせられる作品。山田太一の脚本と、その脚本の良さを引き出す深町幸男の見事な演出が光るドラマ。役者も名優揃いの感動作である。ちなみに「今朝の秋」とは俳句の季語で、立秋の日の朝のこと。秋の気配を感じたことをいう。

山田太一作、笠智衆主演のドラマは、82年放送の「ながらえば」、85年放送の「冬構え」があり、本作とあわせて3部作として、老人や老夫婦の生き方、息子との絆を通して、現代の高齢化社会を考えさせる作品である。

相棒

Best 29 【9票】

2002年　テレビ朝日

© 東映

クオリティーの高さが群を抜く
21世紀を代表する長寿刑事ドラマ

Staff & Cast

脚本：輿水泰弘　櫻井武晴　砂本量
岩下悠子　古沢良太　戸田山雅司
太田愛　山本むつみ　森下直ほか
監督：和泉聖治　大井利夫
橋本一　長谷部安春ほか
音楽：池頼広

出演：水谷豊　寺脇康文
及川光博　成宮寛貴
反町隆史　川原和久
山中崇史　山西惇ほか

キレものでありすぎるが故に、警視庁の窓際部署「特命係」に所属している杉下右京（水谷豊）が〝相棒〟と共に事件に挑む、21世紀を代表する刑事ドラマ。「土曜ワイド劇場」枠内で3作が単発ドラマとして放送されたあと、2002年に連続ドラマとしての放送がスタート、毎年新シーズンが放送され続ける人気長寿シリーズとなった。杉下右京の秀逸なキャラクター設定と歴代相棒たちのコンビネーションの魅力もさることながら、輿水泰弘、櫻井武晴、古沢良太、太田愛など、ベテランから新人まで多くの脚本家たちが競い合うように生み出すエピソードのクオリティーが極めて高く、「ミス・グリーンの秘密」などエピソードを特定しての投票もあった。本格ミステリーとしての側面に加え、警察や国家の組織優先による真相隠蔽など、硬派なテーマに果敢に挑む〝正義〟の思想がシリーズ全体を貫く一方、かつて登場した多彩なサブキャラクターが頻繁に再登場する趣向にも作り手たちの作品への愛情が感じられる。

下町ロケット

2015年　TBS

Best 29【9票】

Staff & Cast

原作：池井戸潤
脚本：八津弘幸　稲葉一広
演出：福澤克雄　相澤孝義　田中健太
プロデューサー：伊與田英徳　川嶋龍太郎
音楽：服部隆之
ナレーション：松平定知

出演：阿部寛　土屋太鳳
立川談春　安田顕
中本賢　阿部進之介
竹内涼真　真矢ミキ
恵俊彰　倍賞美津子
吉川晃司　杉良太郎ほか

夢をあきらめず信念を持って奮闘する男たちの熱いドラマに感動が集まった

　夢を決してあきらめない男たちの情熱を描いた感動のエンターテインメント。原作は池井戸潤の直木賞受賞作で、かつてロケット開発の研究員だった佃航平（阿部寛）が、父の経営していた佃製作所の社長として社員たちとともに奮闘する。メインバンクやライバル会社からのさまざまな攻撃にさらされながら、信念とプライドを持って困難を乗り超えていく男たちの姿は世のサラリーマンたちを大いに元気付けた。また小さな企業が、自分たちの持つ技術力と特許を武器に大企業と戦い、大きな事業を成功させていくストーリーは、日本の技術者たちへの再評価も促した。

　「半沢直樹」同様、ロケットエンジンに使用する部品をめぐる「ロケット編」と心臓に埋め込む人工弁の開発を描く「ガウディ編」の2部構成でドラマ化。「ガウディ編」は、原作の新聞連載とドラマが同時進行したことでも話題となった。またキャスティングでも、立川談春や春風亭昇太、恵俊彰、今田耕司ら、バラエティー畑のキャストを大胆に起用し、逆にドラマの緊迫感を高めるという手法を成功させ、こちらものちのドラマに大きな影響を与えている。

　1956年に放送が開始されたTBS日曜9時の「日曜劇場」は、NHKの朝ドラや大河ドラマよりずっと前からドラマを放送し続けてきた日本で最も長い歴史を持つテレビドラマ枠である。かつては1話完結ドラマ枠として名作をいくつも生み出してきたが、93年に連続ドラマ枠に移行。「課長サンの厄年」や「カミさんの悪口」などコメディータッチのサラリーマンものを多く放送し、30〜50代の働く男性を応援するというコンセプトを体現していた。その後ラブストーリーやホームコメディー、職業ものや時代劇、SFなど、さまざまなジャンルで多くのヒット作を生んだが、この「下町ロケット」にはサラリーマン応援枠としてのかつての日曜劇場のアイデンティティが息づいている。

　18年には続編として「ゴースト編」「ヤタガラス編」がドラマ化され、こちらもヒットした。

特別対談 ドラマオールタイムベスト100

藤田真文×岡室美奈子

[法政大学教授]　[早稲田大学教授]

“ドラマの古典”となり得る作品は、時代とともに常に生み出されている

ベスト20に入ったドラマは納得感がある作品が並んだ

藤田　今回の企画は放送作家協会の方150名ほどのアンケート結果ということで、91年にも同様の企画があり（P100～P101）、その顔ぶれは非常に似ていると感じました。脚本家としては倉本聰さん、山田太一さん、向田邦子さん、市川森一さん、早坂暁さんといった方々が、やはりプロの脚本家の方から巨匠と位置づけられていて、なおかつベスト10とか20に入っている作品が、参照すべきドラマの古典とされているという印象です。

岡室　今年大学で「テレビドラマ史」の授業を持っていたのですが、やっぱり、取り上げたドラマの多くが入っていました。1位から20位までのドラマは、本当に〝ドラマの古典〟ですが、少し古めの物が多い感じがします。新しいところでは、宮藤官九郎さんの**「あまちゃん」**（9位）とか**「いだてん」**（19位）とか。

藤田　坂元裕二さんとか、野島伸司さんとか、もう若手とはいえない人たちが、90年代以降のもので入っていますね。

岡室　私にとっての永遠の1位は前回1位の**「岸辺のアルバム」**（7位）。**「北の国から」**は前回2位で今回1位。長年にわたってやっていたので、広範囲な世代に支持されるのでしょう。

藤田　「岸辺のアルバム」は、ドラマの歴史を変えた非常に大きな存在ですね。

岡室　でも山田さんは**「ふぞろいの林檎たち」**（2位）の方が上位ですね。今の学生に見せると、「岸辺のアルバム」は面白いっていうんですけど、「ふぞろいの林檎たち」は、「この大学生たちはわからない」みたいな感じで、「今の学生こんなに恋愛にがっついてません」って（笑）。

藤田　当時の風俗を映し出しているから、そこのズレがあると、逆に現代では見られなくなってしまうということですかね。そのへんはやっぱり**「ゆとりですがなにか」**（95位）の方が、むしろリアリティーがあるっていうことですかね。

岡室　ただこの1位から20位までのドラマ、私としてはすごく納得感はあります。特に**「傷だらけの天使」**（3位）、**「阿修羅のごとく」**（4位）、「あまちゃん」、**「淋しいのはお前だけじゃない」**（15位）、**「天下御免」**（20位）、こういう伝説的なドラマが入ってくるのはうれしいです。視聴率があまり振るわなかった「いだてん」が入っているのもいいですね。

藤田　「いだてん」はやはりプロの方から見ると、構成の仕方とか、あるいはドラマの挑戦的な革新性みたいなことも含めて、評価が高かったのかなと思います。

岡室　単なるオリンピック礼讃ではなく、

オーソドックスとは何かということを根底から問いかけたところに、すごく誠実なドラマという印象を受けました。

藤田　私は自分が将来こういう研究をするとか全く思っていなかった時代の70年代のドラマですね。「傷だらけの天使」と**「前略おふくろ様」**（5位）、男性性のシンボルとしての萩原健一さんも含めて、ある時代を作ったドラマだと思います。70年代から80年代前半までのドラマは、戦争の影とか貧しさみたいなものを引きずっていましたよね。たとえば「前略おふくろ様」の集団就職で出てきて修業するというストーリーとか、「傷だらけの天使」の背景の暗さとか、まだ戦後だなという気がします。作品としての重厚さがあって、評価が高いのかなと思います。

岡室　それは全く同感で、特にその頃は、最初のドラマの黄金期、脚本家の地位が築かれた時代ですよね。ＮＨＫの「山田太一シリーズ」とか。割と暗さが許容されていましたが、今、暗さとか重さって、許容されないところあるじゃないですか。

藤田　たとえば「阿修羅のごとく」って、今やったらどうですかね。

岡室　今の学生が驚嘆するんですよ。あのお母さんが、外にもう一つ家があるお父さんの上着を畳んでいるとミニカーが出てきて、それをふすまに投げつけるシーン。あそこの演出がすごいんです。やさしいお母さんが一瞬阿修羅の形相になって。そういうのを見せると、本当にびっくりするんです。「昔のドラマもこんなに力持ってたのか！」って。

藤田　「金妻」（「金曜日の妻たちへ」）あたりからは不倫と言われて、この頃は浮気って言われていたと思いますけど、そういうものに対する妻の態度、女性の態度みたいなものも違っていて、底知れぬ恐ろしさみたいなものを感じさせます。

岡室　70年代後半あたりからの山田太一さんとか向田邦子さんって、それまで割とタブーだった妻の性を描き出していますね。ホームドラマでは「ないこと」になっていたものが描かれ始めて、それがすごくインパクトありました。

藤田　家族は決して明るいものでもないし、ほんわかしたものでもないし、その中でいろんな問題を抱えているし、あるきっかけですぐバラバラになってしまう。そういう脆い存在であると。

岡室　やっぱり「岸辺のアルバム」「阿修羅のごとく」あたりが、大きな転換点ですよね。一方、倉本さんは「北の国から」で、家族の再生を違う形で描こうとされた。

藤田　バラバラになった家族が再生するっていう、そちらの方ですね。

岡室　それまでのホームドラマのように、家族が力を合わせればなんでも乗り越えて行けるというものではなくなりました。

90年代に登場してくるのか女性の連帯のドラマ

藤田　20位以下では、僕はドラマの歴史を変えたという意味で、鎌田敏夫さんの存在がすごく大きいと思います。**「男女7人夏物語」**が33位に入ってますけど、日本のドラマの歴史だけでなく、東アジアのドラマの歴史の流れを作った作品ではないかと思います。あと、鎌田さんでいうと、「金妻」が一切入っていないのが不思議で、橋田壽賀子さんの「渡る世間は鬼ばかり」が入っていないのと、同じようなことなのかと。「金妻」もあまりにもヒットし過ぎて、プロの作家の方には評価されてないのかなと思いました。「男女7人～」と**「29歳のクリスマス」**（33位）、この2つはかなり時代を象徴し、ドラマのあり方を変えて来たので、もう少し高い評価でもいいと思います。

岡室　鎌田さんでいうと、**「俺たちの旅」**（29位）。当時大好きで見てたんですけど、これ〝男の子のドラマ〟ですよね。女の子はちょっと距離を置いて眺めるみたいな。昭和において〝男の子のドラマ〟を書き、80年代は「男女7人～」や「金妻」で〝男女のドラマ〟。90年代の「29歳のクリスマス」で、〝女性の連帯のドラマ〟を書いた。

藤田　20年の間に、そのポジションや時代の感覚、流れみたいなものをすごくよくわかっていて、それを作品の中に反映させようとしたという意味で、鎌田さんは大きな存在だと思います。ヒットドラマをたくさん作られたので、鎌田さん自身は否定しますが、トレンディードラマを呼び込んだのも鎌田さんだと思います。ただその軽さみたいなものが、プロの方たちからすると、上位に来ない理由かな。

岡室　90年代のフジテレビって割と女性の連帯ドラマを作ってるんですよね。残念ながらここには出てこないですが、私の大好きな「アフリカの夜」とか、「きらきらひかる」とか、両方ともすごい名作です。たとえば**「ロングバケーション」**（33位）、主人公はキムタクと山口智子さんですが、山口智子さん演じる南ちゃんとモデル仲間の桃ちゃん（稲森いずみ）、あの二人の友情がすごく重要ですよね。そういう働く女性の連帯が、90年代に描かれ始めたし、そういう意味でも「29歳のクリスマス」って重要な作品だと思います。日本の恋愛ドラマって「ロングバケーション」が金字塔だと思いますが、**「逃げるは恥だが役に立つ」**（33位）も〝「逃げ恥」以前「逃げ恥」以降〟と言ってもいいくらいインパクトあったと思います。コミック原作ですが、結婚はゴールではないとか。これまでの男女が結ばれれば

大事でしょという……。

藤田　契約結婚で二人が同居して、お互い惹かれ合って、結婚するんだよねっていうふうに今までだったら思う。でもそうではないって結末をもたらして、それで終わったっていうのは画期的ですね。

岡室　プロポーズされたときに、それは愛情の搾取だろうって言うんです。稼いでくる夫が雇用主で、妻が被雇用者という考え方じゃなくて、二人ともCEOなんだという考え方にたどり着く。主婦の家事労働をどう考えるのかとか、妻が働くとはどういうことかとか、いろんなことをエンタメとして面白く見せてくれたという点が優れていました。だから誰でも入って行けたし、私たちが縛られている呪いからいかに解放されるかを描いて、年の差カップルとかゲイカップルとか、多様なものも見せてくれた。私としてはもう少し上位でもいいと思います。

次世代の目指すべき巨匠や将来古典となる作品は何か

岡室　野木亜紀子さんの作品では「アンナチュラル」が入ってないのが不思議。あれだけテレビの賞を総なめにしたのに。渡辺あやさんの**「カーネーション」**（44位）も出色だと思います。ちょうど震災の年

りではない〟というメッセージを発したこととか、いろんな意味で優れていたドラマだと思うので、もっと上位でもいいと思います。朝ドラでいうと「ちゅらさん」なんかも入ってないですね。あと、坂元裕二さん。**「東京ラブストーリー」**は20位ですが、**「カルテット」**はようやく53位なんですね。今の日本を代表する脚本家の一人だと思うのに。

藤田　**「Ｍｏｔｈｅｒ」**が79位ですね。

岡室　もっと上位でもいいし、もっといろいろ入ってきてもいいと思うんですね。「Ｗｏｍａｎ」とか「それでも、生きてゆく」とか評価も高かったし。まあ、万人受けしないドラマかもしれませんが。

藤田　作家性とか、２０００年代の、将来古典となるであろう作品群ですよね。記憶に残るという意味では、むしろ近年のドラマの方がたくさん思い出せると思いますが、たぶん自分たちが脚本家を志した時代の、目指すべき巨匠が思い出されるのかもしれません。

岡室　そういう意味では66位の**「6羽のかもめ」「想い出づくり。」「ながらえば」**この並びはすごいですね（笑）。

藤田　「想い出づくり。」も、80年代の女性像を描くという意味では、画期的なドラマだったと思います。今の学生に見せると、20歳前後で結婚どうしようと迫ら

たちより成熟してると思うみたいです

岡室　私は森昌子と同い年なので、ホントにピンポイントで刺さったドラマです。今よりもっともっと女性がものを言えなかった時代ですよね。そこで結婚式場にたてこもるわけじゃないですか、ものを言えない女性たちがああやって。

藤田　反抗ですよね、自分たちなりの。

岡室　あれはすごいなって当時思って。前に授業で見せたら、すごくいい反応をしてくれた女子学生がいて、生きづらいと思っている女性でも、生きていくことができると思えたと言ってくれて。なんかすごくうれしかったんですよね。私もこのドラマを見たときに、同じように思ったなと。今でも見るたびに感動します。

藤田　ランキングを、開始年順で並べてみると（P52・表参照）、どの時代にどの作家がテレビのドラマをリードしていたかがはっきりわかります。やっぱり60年代は、まだ、ここで言っている脚本家の時代のちょっと前というか、脚本家の時代を作る人たちの修業時代ですね。私は岡室さんと1歳違いなんですけど、自分の子供時代は、ずーっと花登筐さんをやっていた感じがします。**「細うで繁盛記」**（53位）とか出てますけど、むしろ95位の**「どてらい男」**とかのイメージのドラマをずーっと関西系のテレビ局で定番みたいになっていた。その割には、あまり高く評価されてないなあと

岡室　確かに、ドラマとして何が評価されるか、という問題はあるのかもしれないですね。**「時間ですよ」**（12位）なんて、やっぱり久世光彦さんをどう評価するかですよね。久世さんが日本のドラマに与えた影響ってものすごく大きい。それはひとつには、演技改革だったと思います。早くからお笑いの人たちをいっぱい出して、新劇の俳優さんとは違う演技をテレビドラマに投入して化学変化を起こさせたところがあるわけで、それもドラマを変えて来た大きな要因だった気がします。

トレンディードラマとは一体なんだったのか

藤田　90年代は野島伸司さんの時代ですね。**「高校教師」**（20位）**「101回目のプロポーズ」「ひとつ屋根の下」**（以上66位）**「愛という名のもとに」**（95位）。トレンディードラマと言われるものの中では、**「君が嘘をついた」**（53位）はありますけど、全体的にあまり入っていない。そういう意味では一般の視聴率と、作家の方が評価するものと両方で、野島さんだけが残った。それまでのドラマと少し違う新機軸を作ったと言えると思います。

岡室　トレンディードラマって、なんとなく軽佻浮薄なイメージがついちゃってるようだと思えたあいまでた。そこでスタートした人たちが今も活躍していることは事実です。私は90年代ってバブル崩壊と湾岸戦争で幕を開けて、まがまがしい時代だったっていう言い方をするんですが、**「沙粧妙子ー最後の事件ー」**（95位）みたいな、まがまがしいドラマが出てきて、もう一方で、北川悦吏子さんの「ロンバケ」のような、すごく日常的な恋愛ドラマっていうものも拮抗するように出てきて。野島さんって、その中間にいて、まがまがしいものと純愛を合体させている。いろんな意味で時代に合ってたと思うんです。まがまがしい純愛ドラマってほかの人に書けない。

藤田　中園ミホさんが**「ドクターX」**（18位）で入ってますが、中園さんの「やまとなでしこ」って、ある意味トレンディードラマ時代は終わったということを告げた大きなドラマ。中園さんは「ハケンの品格」もあるし、ちょっと違いますね。

岡室　大石静さんも**「大恋愛～僕を忘れる君と」**（66位）は入っているんですが、「アフリカの夜」のような90年代の女性の連帯ドラマが入っていない。

藤田　井上由美子さんの「きらきらひかる」なんかも入ってほしいですね。

岡室　「きらきらひかる」は、本当に名作だったと思います。そういう意味では井

開始年	順位	タイトル	局	脚本	キャスト
1958	38	私は貝になりたい	KRT	橋本忍	フランキー堺　桜むつ子
1958	66	事件記者	NHK	島田一男	永井智雄　原保美　滝田裕介
1963	79	三匹の侍	CX	柴英三郎ほか	丹波哲郎　平幹二朗　長門勇
1964	95	赤穂浪士	NHK	村上元三	長谷川一夫　山田五十鈴　滝沢修
1966	66	ウルトラQ	TBS	金城哲夫ほか	佐原健二　西條康彦　桜井浩子
1966	95	泣いてたまるか	TBS	山田洋次ほか	渥美清　青島幸男
1966	95	氷点	NET	楠田芳子	新珠三千代　内藤洋子　芦田伸介
1967	38	ウルトラセブン	TBS	金城哲夫ほか	森次晃嗣　中山昭二　ひし美ゆり子
1968	38	３人家族	TBS	山田太一	竹脇無我　栗原小巻　あおい輝彦
1968	44	キイハンター	TBS	高久進ほか	丹波哲郎　野際陽子　千葉真一
1970	12	時間ですよ	TBS	橋田壽賀子ほか	森光子　船越英二　堺正章
1970	44	お荷物小荷物	ABC	佐々木守	中山千夏　志村喬　林隆三　浜田光夫
1970	53	細うで繁盛記	YTV	花登筐	新珠三千代　高島忠夫　冨士眞奈美
1971	20	天下御免	NHK	早坂暁	山口崇　林隆三　秋野太作（津坂匡章）
1971	33	帰ってきた ウルトラマン	TBS	上原正三ほか	団次郎　塚本信夫　榊原るみ　岸田森
1971	95	気になる嫁さん	NTV	松木ひろしほか	榊原るみ　石立鉄男　山田吾一
1972	6	太陽にほえろ！	NTV	小川英ほか	石原裕次郎　萩原健一　松田優作
1972	15	木枯し紋次郎	CX	久里子亭ほか	中村敦夫
1972	53	タイム・トラベラー	NHK	石山透	浅野真弓　木下清
1972	53	飛び出せ！青春	NTV	鎌田敏夫ほか	村野武範　酒井和歌子　石橋正次
1973	79	それぞれの秋	TBS	山田太一	小林桂樹　小倉一郎　久我美子
1973	95	雑居時代	NTV	松木ひろしほか	石立鉄男　大原麗子　冨士眞奈美
1973	95	新八犬伝	NHK	石山透	（人形劇）
1973	95	どてらい男	KTV	花登筐	西郷輝彦　田村亮　大村崑
1974	3	傷だらけの天使	NTV	市川森一ほか	萩原健一　水谷豊　岸田今日子
1974	20	寺内貫太郎一家	TBS	向田邦子	小林亜星　加藤治子　梶芽衣子
1974	66	６羽のかもめ	CX	倉本聰ほか	淡島千景　高橋英樹　加東大介
1974	95	われら青春！	NTV	鎌田敏夫ほか	中村雅俊　島田陽子　有島一郎
1975	5	前略おふくろ様	NTV	倉本聰ほか	萩原健一　梅宮辰夫　田中絹代
1975	29	俺たちの旅	NTV	鎌田敏夫ほか	中村雅俊　秋野太作（津坂匡章）　田中健
1976	14	男たちの旅路	NHK	山田太一	鶴田浩二　水谷豊　桃井かおり
1976	79	高原へいらっしゃい	TBS	山田太一	田宮二郎　三田佳子　前田吟　池波志乃
1976	95	気まぐれ天使	NTV	松木ひろしほか	石立鉄男　大原麗子　酒井和歌子
1976	95	さくらの唄	TBS	山田太一	若山富三郎　樹木希林（悠木千帆）
1977	7	岸辺のアルバム	TBS	山田太一	八千草薫　杉浦直樹　中田喜子
1978	24	黄金の日日	NHK	市川森一ほか	松本白鸚（市川染五郎）　栗原小巻
1978	38	西遊記	NTV	佐々木守ほか	堺正章　夏目雅子　西田敏行　岸部シロー
1978	44	熱中時代	NTV	布勢博一ほか	水谷豊　船越英二　志穂美悦子
1979	4	阿修羅のごとく	NHK	向田邦子	八千草薫　いしだあゆみ　加藤治子
1979	8	３年Ｂ組金八先生	TBS	小山内美江子	武田鉄矢　名取裕子　倍賞美津子
1979	38	探偵物語	NTV	丸山昇一ほか	松田優作　竹田かほり　成田三樹夫
1980	44	あ・うん	NHK	向田邦子	フランキー堺　杉浦直樹　吉村実子
1980	44	池中玄太８０キロ	NTV	松木ひろしほか	西田敏行　坂口良子　杉田かおる
1981	1	北の国から	CX	倉本聰	田中邦衛　吉岡秀隆　中嶋朋子
1981	10	夢千代日記	NHK	早坂暁	吉永小百合　秋吉久美子　樹木希林
1981	66	想い出づくり。	TBS	山田太一	森昌子　古手川祐子　田中裕子
1981	95	茜さんのお弁当	TBS	金子成人	八千草薫　川谷拓三　杉本哲太
1982	15	淋しいのはお前 だけじゃない	TBS	市川森一	西田敏行　木の実ナナ　梅沢富美男
1982	66	ながらえば	NHK	山田太一	笠智衆　長山藍子　宇野重吉
1982	79	君は海を見たか	CX	倉本聰	萩原健一　伊藤蘭　柴俊夫
1983	2	ふぞろいの 林檎たち	TBS	山田太一	中井貴一　時任三郎　手塚理美
1983	11	おしん	NHK	橋田壽賀子	小林綾子　田中裕子　乙羽信子
1983	44	早春スケッチブック	CX	山田太一	岩下志麻　鶴見辰吾　山崎努
1984	53	スクール★ウォーズ	TBS	長野洋ほか	山下真司　岡田奈々　松村雄基
1984	66	日本の面影	NHK	山田太一	ジョージ・チャキリス　壇ふみ　津川雅彦
1985	79	花へんろ 風の昭和日記	NHK	早坂暁	桃井かおり　河原崎長一郎　中条静夫
1986	33	男女７人夏物語	TBS	鎌田敏夫	大竹しのぶ　明石家さんま　池上季実子
1987	29	今朝の秋	NHK	山田太一	笠智衆　倍賞美津子　杉浦直樹　杉村春子
1987	44	独眼竜政宗	NHK	ジェームス三木	渡辺謙　桜田淳子　秋吉久美子
1987	53	男女７人秋物語	TBS	鎌田敏夫	大竹しのぶ　明石家さんま　岩崎宏美
1988	53	君が嘘をついた	CX	野島伸司	三上博史　麻生祐未　工藤静香

開始年	順位	タイトル	局	脚本	キャスト
1989	53	鬼平犯科帳	CX	野上龍雄ほか	中村吉右衛門　高橋悦史　篠田三郎
1990	95	想い出にかわるまで	TBS	内館牧子ほか	今井美樹　石田純一　松下由樹
1991	20	東京 ラブストーリー	CX	坂元裕二	鈴木保奈美　織田裕二　江口洋介
1991	66	101 回目の プロポーズ	CX	野島伸司	浅野温子　武田鉄矢　江口洋介
1992	95	愛という名のもとに	CX	野島伸司	鈴木保奈美　唐沢寿明　江口洋介
1993	20	高校教師	TBS	野島伸司	真田広之　桜井幸子　赤井英和
1993	66	ひとつ屋根の下	CX	野島伸司	江口洋介　福山雅治　酒井法子
1994	12	警部補・古畑任三郎	CX	三谷幸喜	田村正和　西村まさ彦
1994	33	29 歳のクリスマス	CX	鎌田敏夫	山口智子　柳葉敏郎　松下由樹
1995	17	王様のレストラン	CX	三谷幸喜	松本白鸚（幸四郎）　山口智子　筒井道隆
1995	44	大地の子	NHK	岡崎栄	仲代達矢　上川隆也　田中好子
1995	79	愛していると 言ってくれ	TBS	北川悦吏子	豊川悦司　常盤貴子
1995	95	沙粧妙子 ー最後の事件ー	CX	飯田譲治	浅野温子　柳葉敏郎　佐野史郎
1996	33	ロングバケーション	CX	北川悦吏子	山口智子　木村拓哉　竹野内豊
1997	66	踊る大捜査線	CX	君塚良一	織田裕二　柳葉敏郎　深津絵里
1997	79	青い鳥	TBS	野沢尚	豊川悦司　夏川結衣　鈴木杏　佐野史郎
1997	79	総理と呼ばないで	CX	三谷幸喜	田村正和　鈴木保奈美　筒井道隆
1998	53	眠れる森	CX	野沢尚	中山美穂　木村拓哉　仲村トオル
1998	95	ショムニ	CX	高橋留美ほか	江角マキコ　宝生舞　京野ことみ
2000	79	TRICK	EX	蒔田光治ほか	仲間由紀恵　阿部寛　野際陽子
2001	66	ＨＥＲＯ	CX	福田靖ほか	木村拓哉　松たか子　阿部寛　角野卓造
2002	29	相棒	EX	輿水泰弘ほか	水谷豊　寺脇康文　及川光博　反町隆史
2003	24	白い巨塔	CX	井上由美子	唐沢寿明　江口洋介　黒木瞳
2003	66	僕の生きる道	KTV	橋部敦子	草彅剛　矢田亜希子　大杉漣
2006	53	結婚できない男	KTV	尾崎将也	阿部寛　夏川結衣　国仲涼子　草笛光子
2007	38	ハゲタカ	NHK	林宏司	大森南朋　柴田恭兵　松田龍平
2007	66	点と線	EX	竹山洋	ビートたけし　高橋克典　柳葉敏郎
2007	79	ガリレオ	CX	福田靖ほか	福山雅治　柴咲コウ　北村一輝
2007	95	風林火山	NHK	大森寿美男	内野聖陽　市川猿之助（亀治郎）
2008	79	篤姫	NHK	田渕久美子	宮崎あおい　瑛太　堺雅人
2009	24	JIN ー仁ー	TBS	森下佳子	大沢たかお　綾瀬はるか　中谷美紀
2009	79	坂の上の雲	NHK	野沢尚ほか	本木雅弘　阿部寛　香川照之
2010	53	龍馬伝	NHK	福田靖	福山雅治　真木よう子　香川照之
2010	79	Mother	NTV	坂元裕二	松雪泰子　芦田愛菜　尾野真千子
2011	44	カーネーション	NHK	渡辺あや	尾野真千子　夏木マリ　小林薫
2011	79	家政婦のミタ	NTV	遊川和彦	松嶋菜々子　長谷川博己　相武紗季
2012	18	ドクターX	EX	中園ミホほか	米倉涼子　岸部一徳
2012	24	最後から 二番目の恋	CX	岡田惠和	中井貴一　小泉今日子　飯島直子
2012	79	孤独のグルメ	TX	田口佳宏ほか	松重豊
2012	79	リーガル・ハイ	CX	古沢良太	堺雅人　新垣結衣　里見浩太朗
2013	9	あまちゃん	NHK	宮藤官九郎	のん（能年玲奈）　小泉今日子　宮本信子
2013	24	半沢直樹	TBS	八津弘幸	堺雅人　上戸彩　香川照之　北大路欣也
2013	95	八重の桜	NHK	山本むつみほか	綾瀬はるか　西島秀俊　オダギリジョー
2014	95	マッサン	NHK	羽原大介	玉山鉄二　シャーロット・ケイト・フォックス
2015	29	下町ロケット	TBS	八津弘幸ほか	阿部寛　吉川晃司　杉良太郎
2015	95	あさが来た	NHK	大森美香	波瑠　宮崎あおい　玉木宏
2016	33	逃げるは恥だが 役に立つ	TBS	野木亜希子	新垣結衣　星野源　石田ゆり子
2016	95	ゆとりですがなにか	NTV	宮藤官九郎	岡田将生　松坂桃李　柳楽優弥
2017	53	カルテット	TBS	坂元裕二	松たか子　満島ひかり　松田龍平
2017	53	ひよっこ	NHK	岡田惠和	有村架純　沢村一樹　木村佳乃
2017	95	アシガール	NHK	宮村優子	黒島結菜　伊藤健太郎　松下優也
2018	66	大恋愛 ～僕を忘れる君と	TBS	大石静	戸田恵梨香　ムロツヨシ　松岡昌宏
2019	19	いだてん	NHK	宮藤官九郎	中村勘九郎　阿部サダヲ
2019	53	グランメゾン東京	TBS	黒岩勉	木村拓哉　鈴木京香　及川光博
2019	95	ノーサイド・ゲーム	TBS	丑尾健太郎ほか	大泉洋　松たか子　上川隆也

上さんもあんまり入ってないですね。

藤田　**「白い巨塔」**（24位）が入ってますが、井上さんは「白い巨塔」なのかと。これから脚本書く人にとっての古典といえるようなものが、10年後か20年後のオールタイムベストに入ってほしいです。

岡室　森下佳子さんも**「JIN―仁―」**（24位）ぐらいしか入っていないし、安達奈緒子さんとか藤本有紀さんとか、古沢良太さんも**「リーガル・ハイ」**（79位）くらい。

ドラマを転換させてきた大事な作品はいつの時代もある

藤田　最初に言った70年代のドラマの持つ重厚感みたいなものは、作品性みたいなこととイコールに感じられて、いいドラマというと、重厚なドラマ、作品性のあるドラマっていうふうに、古典として位置づけしやすいということだと思います。でも、2000年以降もドラマを見てる身としては、それだけではないんじゃないかという思いはありますね。

岡室　全く同感です。ドラマを転換させてきた大事な作品っていうのはそれぞれの時代にあると思うので、そういうものはもっと上位に入ってきていいと思います。ただ、その重厚感というものがなぜ今のドラマからなくなってしまったんでしょうか。

藤田　日本のドラマの傾向がシュガーコートでくるんだような、少し甘さみたいなものを入れないと、みんなに見てもらえないっていう感じになってしまった。

岡室　エンタメにしないといけないみたいなところがありますよね。たとえば「逃げ恥」が成功したのも、論理で押していくヒロインを持って来ながら、エンタメとして見せたということが成功した大きな要因だったと思うんです。だけど、70年代から80年代のドラマって、もちろん笑いもたくさんあるけど、エンタメを目指してないですよね。でも、そういうのって、視聴率が取れないという問題があるのかもしれないけど。

藤田　視聴率10％くらいが一番いいドラマだって言いますよ（笑）。15％とか20％とか取るようになると、それはやっぱりエンタメ性があるということですけど。

岡室　もっとエンタメ性捨ててるドラマがあってもいいと個人的には思います。

藤田　たとえばＮＨＫで最近いいドラマがたくさん出てきたりしています。重厚感ではないけれど、作品性、作家性があるような脚本家を起用していくというようなことを期待したいですね。

Profile

藤田 真文（ふじた まふみ）

法政大学社会学部メディア社会学科・教授。専門は、テレビドラマの物語分析、ニュースの言説分析。ギャラクシー賞テレビ部門選奨委員などの審査員を務める。テレビドラマの近著には、「『北区赤羽』と『カンヌ』：達成なき成長物語」（『ユリイカ』49号）、「ドラマはどこまで現実か　鎌田敏夫が描く80年代日本社会（『Galac』531-543号）著書に『ギフト、再配達：テレビ・テクスト分析入門』。共編著に『現代ジャーナリズム事典』、『メディアが震えた：テレビ・ラジオと東日本大震災』、『プロセスが見えるメディア分析入門：コンテンツから日常を問い直す』など。

Profile

岡室 美奈子（おかむろ みなこ）

早稲田大学演劇博物館館長・文学学術院教授、文学博士。専門は、テレビドラマ論、現代演劇論。放送番組センター理事、フジテレビ番組審議会委員。
ギャラクシー賞テレビ部門選奨委員など、多くのテレビ関係の賞の審査員を務める。毎日新聞夕刊にコラム「教授・岡室美奈子の私の体はテレビでできている」を４週間に１度連載している。
共編著に『大テレビドラマ博覧会』（監修）、『六〇年代演劇再考』など、訳書に『新訳ベケット戯曲全集1　ゴドーを待ちながら／エンドゲーム』などがある。

帰ってきたウルトラマン

Best 33【8票】

1971年　TBS

特撮ヒーローシリーズとして最高位でのランクイン

Staff & Cast

脚本：上原正三　市川森一
石堂淑朗　田口成光ほか
監督：本多猪四郎　筧正典ほか
特技監督：高野宏一　佐川和夫ほか
音楽：冬木透
出演：団時朗（当時団次郎）
塚本信夫　根上淳　池田駿介
西田健　岸田森　榊原るみほか

「ウルトラセブン」の放送終了から約2年半後に新たにスタートした円谷プロのウルトラシリーズ第2期の第1作。M78星雲から地球を守るためにやってきた宇宙人ヒーローが地球人の体を借りて怪獣と戦う、というストーリーは第1期ウルトラシリーズ作品を踏襲しているが、ウルトラマンに変身する主人公・郷秀樹の私生活や家族環境が描かれたり、彼の成長物語の側面が組み込まれるなど、ストーリーにも新機軸が見られた。

メインライターである上原正三ほか、市川森一、石堂淑朗など、脚本陣にも実力者が揃い、特撮ヒーロードラマとして最高ポジションでのランクインとなった。

男女7人夏物語

Best 33【8票】

1986年　TBS

明石家さんま&大竹しのぶカップルを生んだ鎌田敏夫脚本の元祖トレンディードラマ

Staff & Cast

脚本：鎌田敏夫
監督：生野慈朗　清弘誠
プロデューサー：
武敬子　山本典助
主題歌：石井明美
「CHA-CHA-CHA」
出演：明石家さんま
大竹しのぶ　池上季実子
奥田瑛二　片岡鶴太郎
賀来千香子　小川みどりほか

時代を超えてエポックメイクなドラマを生み続ける鎌田敏夫が80年代に残した恋愛ドラマの名作。ちょっと不器用な〝アラサー〟男女7人が、夏の大都会を舞台に遅れてきた青春物語を繰り広げる。明石家さんまと大竹しのぶの丁々発止のやり取りが話題となったが、鎌田敏夫脚本が試みた「働く女性の本音の物語」にリアリティーを与えたのは、まさにこの2人の真に迫ったセリフの応酬のおかげであったと言える。登場するアイテムが人気を呼んだり、舞台になった清洲橋がブームになるなど、以降のトレンディードラマに大きな影響を与えた。翌87年には続編となる「男女7人秋物語」を放送。

29歳のクリスマス

Best 33 【8票】

1994年　フジテレビ

29歳の女性が抱える仕事の迷いや恋の焦り…友情を絡めて描かれる生き方に共感が集まる

Staff & Cast

脚本：鎌田敏夫
演出：鈴木雅之　星田良子
プロデューサー：中山和記
企画：宅間秋史　石原隆
音楽：瀬川英史
主題歌：マライア・キャリー「恋人たちのクリスマス」
出演：山口智子　柳葉敏郎　水野真紀　松下由樹　仲村トオル　稲森いずみほか

そしてこちらは鎌田敏夫の90年代の代表作。鎌田はこの作品で第13回向田邦子賞を受賞した。山口智子、柳葉敏郎、松下由樹が共演する。29歳の誕生日に恋人に振られ、アパレル会社からビアレストランに出向させられる典子（山口智子）、高嶺の花に恋する商社のクレーム係の賢（柳葉敏郎）、妻子ある男性との関係が断ち切れない報道カメラマンの彩（松下由樹）の3人が不安や不条理を飲み込みながら進む姿は、世代を超えた共感を集めた。〝自立〟がモットーのタフな典子の語りは時代が変わっても色あせることはない。マライア・キャリーの主題歌「恋人たちのクリスマス」も大きなヒットとなった。

ロングバケーション

Best 33 【8票】

1996年　フジテレビ

木村拓哉×山口智子×北川悦吏子　奇跡のコラボレーションが生んだ月9の傑作

Staff & Cast

脚本：北川悦吏子
演出：永山耕三ほか
プロデューサー：亀山千広
主題歌：久保田利伸 with ナオミ・キャンベル「LA・LA・LA・LOVE SONG」
出演：木村拓哉　山口智子　竹野内豊　稲森いずみ　松たか子　りょうほか

30代に突入し、仕事が激減したモデルの南（山口智子）と、うだつのあがらないピアニスト・瀬名（木村拓哉）の正統派ラブ・ストーリー。山口智子はプライベートでは結婚直後で、この作品のあとしばらくドラマから遠ざかり、木村拓哉はこの作品を機に、ドラマにはなくてはならない国民的スターに駆け上っていく。北川悦吏子の脚本と合わせて、奇跡のコラボレーションと言える作品であった。

瀬名と南が暮らしたアパートとなったロケ地は観光名所となり、瀬名が劇中で弾くピアノ曲のサントラや、久保田利伸の主題歌も大ヒット、まさに「ロンバケ現象」と言われる社会現象だった。

逃げるは恥だが役に立つ

Best
33
【8票】

2016年　TBS

ガッキーが踊る恋ダンスが大ヒット “ムズキュン”“ハグの日”もトレンドに

Staff & Cast

原作：海野つなみ
脚本：野木亜紀子
演出：金子文紀　土井裕泰
石井 康晴
プロデューサー：那須田淳
峠田浩　宮﨑真佐子
音楽：末廣健一郎　MAYUKO
主題歌：星野源「恋」
出演：新垣結衣　星野源
石田ゆり子　古田新太
藤井隆　真野恵里菜
大谷亮平　宇梶剛士ほか

職ナシ彼氏ナシの主人公・森山みくりが、恋愛経験の無い会社員・津崎平匡と、夫を雇用主、妻を従業員とする「契約結婚」をするという海野つなみの同名コミックのドラマ化。最新型のラブストーリーとして、爆発的な人気を博した。星野源の歌う主題歌「恋」に乗せてキャストたちが踊る〝恋ダンス〟は大ブームとなり、〝ムズキュン〟や〝ハグの日〟などトレンド入りワードが多数誕生した。「情熱大陸」「真田丸」などのパロディーや妄想シーンを盛り込む一方で、就職難や派遣切り、晩婚化といった社会問題に切り込んだストーリーの奥深さも多くのファンをつかんだ要因だろう。

テレビドラマの歴史は、テレビの歴史そのもの ～テレビドラマ誕生から1950年代

日本最古のテレビドラマと言われる「夕餉前（ゆうげまえ）」が放送されたのは1940年4月のこと。テレビの一般放送が始まるはるか前の実験放送時代のことであり、もちろん生放送。見ることのできた受像機はたった3台だった。国産ドラマ第1号がすでにホームドラマだったというのは興味深い。1953年テレビの一般放送が開始されると同時にドラマ放送も始まる。テレビドラマの歴史はまさにテレビの歴史そのものだ。

そんなテレビ草創期のドラマが今回のベスト100にもランクインしている。社会派ドラマの金字塔として名高い「私は貝になりたい」（38位 KRT のちのTBS）。前半はVTR、後半は生放送という形で放送された1時間40分の大作。BC級戦犯問題を題材に、市井人と戦争の関わりを世に問うた。まだまだ社会に戦争の記憶が色濃かった時代。テレビもここまで深いテーマを扱えるのだと世に知らしめた名作だ。また警視庁詰めの新聞記者を主人公にした「事件記者」（66位 NHK）もランクイン。生放送中心だったことを逆手に取り、その日の話題を巧みに織り込んだ。

私は貝になりたい

Best 38 【7票】

1958年　ラジオ東京テレビ（KRT）

フランキー堺の熱演が涙を誘う　戦争の残酷さを鮮烈に描いた名作

Staff & Cast

原作（題名・遺書）：加藤哲太郎
脚本（物語・構成）：橋本忍
監督：岡本愛彦
出演：フランキー堺
桜むつ子　佐分利信
高田敏江　平山清
垂水悟郎　坂本武
十朱久雄　増田順二
恩田清二郎　南原伸二
浅野進治郎　河野秋武ほか

終戦から13年、ＴＢＳテレビの前身であるラジオ東京テレビで放送された反戦ドラマ。主演はフランキー堺。地方の小さな街に暮らす平凡な理髪店主人が、戦争に招集され、上司の命令で捕虜を刺殺したという理由で、戦犯として死刑判決を受ける。主人公が絞首台の階段を上り、「私は貝になりたい」とつぶやくラストシーンでは、フランキー堺の迫真の演技が視聴者の涙を誘った。黒澤明監督の「羅生門」などを手掛けた橋本忍が、戦争の残酷さと悲しい宿命を鮮烈に描くテレビ草創期の伝説的な名作である。１９９４年には所ジョージ主演のドラマ、２００８年には中居正広主演の映画でリメイク。

ウルトラセブン

Best 38 【7票】

1967年　TBS

斬新なストーリー展開と魅力的な宇宙人たち　今もファンが多い孤高のウルトラヒーロー

Staff & Cast

監修：円谷英二
脚本：金城哲夫　山田正弘
菅野昭彦ほか
監督：円谷一　野長瀬三摩地ほか
特技監督：高野宏一
音楽：冬木透
出演：中山昭二
森次晃嗣（当時森次浩司）
ひし美ゆり子（当時菱見百合子）
毒蝮三太夫（当時石井伊吉）
阿知波信介　古谷敏ほか

「ウルトラＱ」「ウルトラマン」に続く円谷プロの空想特撮シリーズ第３弾。宇宙の侵略戦争が激化する中、地球防衛軍の〝ウルトラ警備隊〟にモロボシ・ダンが入隊。ダンこそがＭ78星雲から地球観測に来たウルトラセブンで、侵略の危機から地球を守っていく。コーラス隊が〝セブン〟を連呼する主題歌や、ダンが変身時に装着する〝ウルトラアイ〟は当時の子供たちに大人気。メトロン星人やイカロス星人など、後の作品にも現れる魅力的な宇宙人も登場した。そして、第１期ウルトラシリーズを企画した金城哲夫らによる斬新なストーリーは、風刺をにじませた深みのあるものが多く、今もファンを魅了する。

3人家族

Best 38 【7票】

1968年　TBS

山田太一の連ドラ初脚本作
3人家族の交流を丁寧に描いた人間ドラマ

Staff & Cast

脚本：山田太一
監督：木下恵介　川頭義郎ほか
音楽：木下忠司
主題歌：あおい輝彦　瀬間千恵「二人だけ」
出演：竹脇無我　栗原小巻
三島雅夫　あおい輝彦
賀原夏子　沢田雅美
菅井きん　中谷一郎ほか

名匠・木下恵介が手掛け、1964年から1974年まで放送されたTBSの「木下恵介アワー」の第4弾。満員電車での偶然の出会いから始まった恋をきっかけに、男ばかりの柴田家（三島雅夫、竹脇無我、あおい輝彦）と、女ばかりの稲葉家（賀原夏子、栗原小巻、沢田雅美）の2つの〝3人家族〟の心温まる交流が描かれる。木下に師事する山田太一が初めてシリーズ全26本の脚本を担当。50年以上前ながら、シングルマザー・シングルファザーのリアルな描写と、一目ぼれをしたものの、なかなか近づけない2人のもどかしさなど、山田脚本ならではの人間模様がシリーズ最高平均視聴率をたたき出した。

西遊記

Best 38 【7票】

1978年　日本テレビ

マチャアキの孫悟空と夏目雅子の三蔵法師
ゴダイゴの主題歌も大ヒットした大人気ドラマ

Staff & Cast

脚本：佐々木守ほか
監督：渡邊祐介　福田純ほか
企画：早川恒夫
プロデューサー：山田宗雄ほか
音楽：ミッキー吉野
主題歌：ゴダイゴ
「モンキー・マジック」
「ガンダーラ」
出演：堺正章　夏目雅子
岸部四郎（当時・岸部シロー）
西田敏行ほか

堺正章の孫悟空、西田敏行の猪八戒、岸部四郎の沙悟浄、そして夏目雅子の三蔵法師という斬新なキャスティングで、大河ドラマの裏ながらも大きなヒットを記録した。破格の製作費を投じ、当時では珍しい中国ロケを敢行したことで、迫力ある大スケールのシーンが実現した。また、ゴダイゴが歌うオープニング曲「モンキー・マジック」、エンディング曲「ガンダーラ」も共に大ヒットで、孫悟空が筋斗雲を呼ぶシーンをマネした子供たちも多いはず。当初は男性キャストが演じる予定だった三蔵法師を夏目雅子が演じたことも成功の要因の一つで、以降三蔵を女性が演じるのがスタンダードとなった。

探偵物語

Best 38 【7票】

1979年　日本テレビ

松田優作といえば“工藤ちゃん”
ユーモアと渋さが同居する永遠の憧れ

Staff & Cast

原案：小鷹信光
脚本：丸山昇一ほか
監督：村川透ほか
出演：松田優作　成田三樹夫
山西道広　倍賞美津子
竹田かほり
ナンシー・チェニーほか

私立探偵・工藤俊作がさまざまな依頼を請け負うコメディータッチのハードボイルドドラマ。松田優作の代表作。「工藤ちゃ〜ん」が口癖の服部刑事（成田三樹夫）らをおちょくりながら展開するユーモアあふれるストーリーはもちろん、独特な口調やサングラスにハット、派手なネクタイ、そしてＳＨＯＧＵＮの「Ｂａｄ Ｃｉｔｙ」に乗せて走らせる愛車のベスパといった新たな私立探偵像を確立したキャラクターが、今もなお若者の心をとらえて離さない。回を重ねるごとに愚痴が増え、内容を話さなくなる予告編のナレーションや、倍賞美津子ら共演陣、ゲスト陣とのアドリブ合戦も見ものだった。

ハゲタカ

Best 38 【7票】

2007年　NHK

企業買収を巡る男たちの戦い
大森南朋と柴田恭兵のぶつかり合いにしびれる

Staff & Cast

原作：真山仁
脚本：林宏司
演出：大友啓史　井上剛ほか
プロデューサー：訓覇圭
音楽：佐藤直紀
出演：大森南朋　柴田恭兵
松田龍平　栗山千明
冨士眞奈美　菅原文太
宇崎竜童　嶋田久作
中尾彬ほか

真山仁の小説「ハゲタカ」シリーズを原作とした経済エンターテインメント。バブル崩壊後の闇に包まれた日本を舞台に、冷徹な企業買収で〝ハゲタカ〟の異名をもつ元銀行員の敏腕ファンドマネージャー・鷲津（大森南朋）と、彼の元上司で企業再生に力を尽くすエリート銀行員・芝野（柴田恭兵）の戦いを軸に、野望と挫折、葛藤の人間ドラマが繰り広げられる。対照的な道を歩んだ2人のぶつかり合いは凄みに満ち、重厚な〝男たちの戦い〟にしびれる人が続出。企業を買いたたく〝ハゲタカ〟やTOBなど経済用語を一般的にした作品と言っても過言ではないかも。松田龍平は今作がドラマ初出演。

キイハンター

Best
44
【6票】

1968年　TBS

全262話！5年に及ぶ大長編シリーズ
千葉真一の出世作となったアクションドラマ

Staff & Cast

脚本：高久進　池田雄一ほか
監督：深作欣二　村山新治ほか
プロデューサー：近藤照男ほか
音楽：菊池俊輔
出演：丹波哲郎　野際陽子
千葉真一　谷隼人　大川栄子
川口浩　仲谷昇　宮内洋
中丸忠雄ほか

警察の手には負えない事件を国際警察特別室の〝キイハンター〟が解決する東映スパイアクションドラマ。荒唐無稽ながら無類の面白さで1年の放送予定が5年に延び、全262話が放送された大ヒット作だ。キャップの黒木（丹波哲郎）、外国語が堪能な元諜報部員・津川（野際陽子）、ずば抜けた身体能力を持つ元新聞記者・風間（千葉真一）らが大活躍する。スタイリッシュかつセクシーな野際が敵を投げ飛ばし、千葉は列車の上で格闘したりロープウェイに宙づりになったりとアクションがさく裂。ストーリー展開も飽きさせず、「8時だョ！全員集合」の後に続けて見ていたという子供たちも多かった。

お荷物小荷物

Best
44
【6票】

1970年　朝日放送

“脱ドラマ”のドラマ!?
ブラックユーモアあふれる異色作

Staff & Cast

脚本：佐々木守
演出：西村大介ほか
プロデューサー：山内久司
音楽：佐藤允彦
出演：中山千夏　志村喬
桑山正一　河原崎長一郎
浜田光夫　林隆三
渡辺篤史　佐々木剛ほか

ホームドラマ全盛期の70年代に〝脱ドラマ〟〝脱ホームドラマ〟といわれた異色作「お荷物小荷物」がランクイン。プロデューサーは後に「必殺」シリーズを生む山内久司。東京の下町にある、忠太郎（志村喬）と息子、孫たちの男7人家族全員が〝男尊女卑をモットー〟とするという滝沢運送店で、主演の菊（中山千夏）が住み込みのお手伝いとして働き始めるというストーリーだ。だが、出演者が突然、本人として話を始めたり、山内にインタビューしたり、最終回には戦争が始まったり。翌年には「カムイ編」として続編も放送。ブラックユーモアあふれる実験的な展開が記憶に残る作品である。

熱中時代

Best 44 【6票】

1978年　日本テレビ

水谷豊が人間味あふれる小学校教師を熱演 高視聴率を記録した伝説の教師ドラマ

ピークの長さと役柄の幅広さが際立つ水谷豊の代表作。北海道出身の北野広大（水谷）が小学校に赴任し、校長（船越英二）宅に下宿しながら学校や生徒の問題に体当たりでぶつかっていく。小学校教師というそれまでにない設定や、型破りな教育方法が理想の教師像として視聴者の心をつかんだ。それまでの定石を破り、生徒一人一人に役割を持たせ学級全体を主役にした集団主役体制は以降の学園ドラマに大きな影響を与えた。帰郷を決めた北野先生が生徒へ別れを告げる涙の最終回は記憶に残る。79年には水谷が刑事・早野武を演じた「刑事編」、そして80年には教師編の続編も放送された。

Staff & Cast

脚本：布勢博一ほか
監督：田中知己ほか
プロデューサー：清水欣也ほか
音楽：平尾昌晃
主題歌：原田潤
「ぼくの先生はフィーバー」
出演：水谷豊　志穂美悦子
音無美紀子　池上季実子
草笛光子　船越英二ほか

あ・うん

Best 44 【6票】

1980年　NHK

向田邦子作品ならではの人間観察力 2人の男と1人の妻の微妙な人間模様を描く

独特な視点で描く家族の物語や大人の恋の名作を数多く送り出した向田邦子作品の中でも出色の名作で、長編小説として発表もされている。タイトルに象徴されるのが、フランキー堺と杉浦直樹演じる容姿も性格も正反対だが固い友情で結ばれた無二の親友の仙吉と門倉だ。門倉は水田の妻をひそかに思い、水田も妻もそれとなく察しながら、口にはしない。昭和初期の時代を背景に、そんな2人の友情と微妙な人間模様が描かれる。後に「父の詫び状」のドラマ化も手掛けるNHKドラマを代表する演出家の一人、深町幸男が、向田作品ならではの情愛を丁寧に描写。81年には続編（全5話）も放送された。

Staff & Cast

脚本：向田邦子
演出：深町幸男ほか
出演：フランキー堺
杉浦直樹　吉村実子
岸田今日子　岸本加世子
池波志乃　志村喬ほか

池中玄太８０キロ

Best 44 【6票】

1980年　日本テレビ

熱血カメラマン・池中玄太と
３人の娘のハートウォーミングドラマ

Staff & Cast

脚本：松木ひろしほか
演出：石橋冠　吉野洋
中山史郎ほか
プロデューサー：中島忠史
音楽：坂田晃一
出演：西田敏行　坂口良子
三浦洋一　杉田かおる
有馬加奈子　安孫子里香
長門裕之ほか

通信社の専属カメラマン・池中玄太が結婚したての妻の急逝で、残された血のつながらない3人の娘たちを試行錯誤しながら育てていくというハートウォーミングストーリー。玄太役の西田敏行を国民的俳優へと押し上げ、パート2・3、スペシャルドラマ3作品も作られるほどの人気シリーズに。シリーズからは西田敏行の「もしもピアノが弾けたなら」などのヒット曲も生まれた。涙もろい父と長女（杉田かおる）らのふれあいや成長記としてはもちろん、怒鳴る編集長（長門裕之）ら周囲のキャラクター、後に玄太と結婚するアッコ（坂口良子）のチャーミングさも愛される理由だろう。

早春スケッチブック

Best 44 【6票】

1983年　フジテレビ

山田太一が本当の家族とは何かを問いかける
後世の脚本家たちにも影響を与えた珠玉の一作

Staff & Cast

脚本：山田太一
演出：富永卓二ほか
プロデューサー：中村敏夫
音楽：小室等
出演：岩下志麻　河原崎長一郎
鶴見辰吾　二階堂千寿
山﨑努　樋口可南子ほか

山田太一が中村敏夫プロデューサーに「何を書いてもいい」と言われて書いた、というハードタッチのホームドラマ。4人家族の望月家は、一見普通に見えるが子供たちの両親が異なるという複雑な事情を持つ。そこへ、息子・和彦（鶴見辰吾）の本当の父親・竜彦（山﨑努）が現れたことで、家族の関係に少しずつ亀裂が生じていく。「お前らは骨の髄までありきたりだ！」と言い放ち、ナイフのような言葉で日常を揺るがす竜彦に、和彦と同じく視聴者も大いに揺さぶられるが、最後には揺るがせられた小市民的生き方の尊さも浮かび上がってくる。岡田恵和ら後世の脚本家も大きな影響を受けたという。

独眼竜政宗

Best 44 【6票】

1987年　NHK

大河ドラマ平均視聴率歴代ナンバーワン
独眼竜の異名を持つ伊達政宗の波乱の物語

Staff & Cast

原作：山岡荘八
脚本：ジェームス三木
演出：樋口昌弘ほか
制作統括：中村克史
音楽：池辺晋一郎
出演：渡辺謙　北大路欣也
岩下志麻　勝新太郎ほか

年間平均視聴率で大河ドラマ歴代最高の39・8％を記録した渡辺謙の出世作。84年〜86年まで近代路線が続いたため、大河ドラマ４年ぶりの時代劇回帰作であった。脚本はジェームス三木。一代で仙台六十二万石の礎を築いた戦国武将・伊達政宗の波乱の生涯を描いた。不動明王が慈悲深い仏であると聞いた幼名・梵天丸として語る「梵天丸もかくありたい」は流行語になったほか、オープニングタイトルの前に時代背景などを解説するコーナーを〝遊び〟を交えて取り入れた作品でもある。豊臣秀吉を演じた勝新太郎は唯一の大河出演作で、白装束で駆け付けた政宗と秀吉の対峙シーンは語り草である。

大地の子

Best 44 【6票】

1995年　NHK

中国残留孤児を取り上げた山崎豊子の超大作
激動の歴史の中で懸命に生きる姿を描く

Staff & Cast

原作：山崎豊子
脚本：岡崎栄
演出：松岡孝治ほか
制作統括：村山昭紀ほか
音楽：渡辺俊幸
出演：仲代達矢　上川隆也
田中好子　永井真理子
宇津井健　朱旭　蒋文麗ほか

山崎豊子が中国での長期取材を基に書き上げた同名小説を原作とした日中共同制作のスペシャルドラマ。主人公は太平洋戦争での敗戦によって満州で残留孤児となり、中国人養父母に育てられた陸一心（日本名・松本勝男）。文化大革命の中、過酷な労働環境に身を置くことになった一心は、やがて参加した日中共同開発の製鉄プラント事業で実父と出会う。二人の父の間で揺れる一心を通して、戦争の悲惨さや家族を巡る愛が描かれる。一心を演じる上川隆也の流ちょうな中国語が印象的だが、当初は全く話せず、丸暗記だったという。史実を再現した中国各地でのロケの壮大さはＮＨＫならではと言える。

カーネーション

Best 44 【6票】

2011年　NHK

朝ドラ史上最高傑作の呼び声も高い
ミシン一つで三姉妹を育てた大阪の母の一代記

Staff & Cast

脚本：渡辺あや
演出：田中健二ほか
制作統括：城谷厚司
音楽：佐藤直紀
主題歌：椎名林檎
「カーネーション」
出演：尾野真千子　夏木マリ
麻生祐未　正司照枝
駿河太郎　新山千春
川崎亜沙美　安田美沙子
栗山千明　星田英利（当時ほっしゃん。）綾野剛　小林薫ほか

世界的デザイナー・コシノ三姉妹の母親である小篠綾子をモデルにした「大阪のおかあちゃん」の一代記。尾野真千子主演の連続テレビ小説第85作。ミシンに出会い、父親との戦いを経て洋装店を開業し、やがて3人の娘の母親となる主人公・糸子。元気いっぱいで豪快なタンカを切る尾野と、栗山千明や尾上寛之の幼なじみ、新山千春ら3姉妹、麻生祐未の母親らそれぞれのキャラクターが視聴者に愛された。中でも、綾野剛演じる妻子がいながら糸子と恋に落ちる朴訥なテーラー職人・周防は、脚本の渡辺あやが〝コントロールを失う〟ほど熱狂的な人気となった。老年期の糸子を夏木マリが演じた。

多彩なジャンルのドラマが百花繚乱
朝ドラ、大河ドラマもスタート～1960年代

60年代に入り生放送ではなくVTRでのドラマ制作が一般化。現在まで続くNHKの朝の連続テレビ小説や大河ドラマの放送も始まり、「赤穂浪士」(95位)や「おはなはん」などのヒット作も生まれた。同時に民放では外部の制作会社がフィルムで撮影したいわゆる「テレビ映画」が増えたこともあり、様々なジャンルのドラマが放送される百花繚乱時代となった。

ランクインしたものだけでも、ホームドラマ（12位「時間ですよ」、38位「3人家族」）、特撮空想ドラマ（38位「ウルトラセブン」、66位「ウルトラQ」）、アクションもの（44位「キイハンター」）、文芸もの（95位「氷点」）など枚挙にいとまがないし、それ以外でも「七人の刑事」「特別機動捜査隊」などの警察もの、「青春とはなんだ」「若者たち」などの青春ドラマ、「サインはV」などのスポ根もの、「コメットさん」「ケンちゃんシリーズ」などの子ども向けドラマなど、数多くのジャンルで重要作が生まれている。また「日曜劇場」や「泣いてたまるか」などの1話完結ドラマも、映画とは違うテレビドラマならではの魅力を発揮した。

細うで繁盛記

Best 53【5票】

1970年　よみうりテレビ

料亭の孫娘が伊豆の旅館の女将に
陰湿ないじめに負けず根性で盛り立てていく

新珠三千代が、伊豆・熱川温泉の老舗旅館に嫁いだ大阪生まれの主人公・加代を演じる連続ドラマ。加代は料亭の孫娘としての心得を胸に旅館を盛り立てていこうと意気込むも、「伝統的な商売」に固執する夫や義父らに邪魔される。周囲の誤解、陰湿ないじめと戦いながら、やがて人気旅館へと再建していく伝説の根性物語。また、義妹役・冨士眞奈美の〝憎まれ役〟も人気を呼んだ。脚本の花登筺は、今作や「どてらい男」で〝上方・根性もの〟の脚本家として一世を風靡。「主人公が逆境に耐えて再建を果たす物語」のカタルシスが21世紀の今でも有効なことは、その後の多くの作品が証明している。

Staff & Cast

原作・脚本：花登筺
演出：小泉勲
音楽：小川寛興
出演：新珠三千代、大村崑、
雪代敬子　冨士眞奈美、
柏木由紀子　高島忠夫ほか

タイム・トラベラー

Best 53【5票】

1972年　NHK

「時をかける少女」を実写化
伝説の「少年ドラマシリーズ」第1弾

1972年から1983年まで全99作品が放送された「少年ドラマシリーズ」の第1弾。筒井康隆の「時をかける少女」を石山透の脚本で初めてテレビドラマ化し、当時は本名の島田淳子として活動していた浅野真弓が主人公を演じた。フラスコに入った謎の液体の匂いを嗅ぎ、時間を移動する超能力を身につけた中学3年生の芳山和子と、その液体を作った男子生徒・深町一夫の出会いから別れまでを描いたSFファンタジーだ。近年、NHKに現存していなかった映像が視聴者の提供により一部復元されたことも話題に。同シリーズは、1975年「なぞの転校生」、1979年「七瀬ふたたび」なども人気が高い。

Staff & Cast

原作：筒井康隆
脚本：石山透
演出：佐藤和哉
制作：柴田和夫
音楽：高井達雄
語り：城達也
出演：浅野真弓（当時島田淳子）
木下清　浜田晃
西国成男　若林彰ほか

飛び出せ！青春

Best 53【5票】

1972年　日本テレビ

「レッツビギン」が合言葉の学園ドラマ
村野武範演じる熱血教師が情熱をぶつける

Staff & Cast

脚本：鎌田敏夫ほか
監督：高瀬昌弘ほか
プロデューサー：黒田正司ほか
音楽：いずみたく
主題歌：青い三角定規
「太陽がくれた季節」
出演：村野武範
酒井和歌子　有島一郎
穂積隆信　柳生博
石橋正次　穂積ぺぺほか

65年の「青春とはなんだ」から連綿と続く学園を舞台にした日本テレビの青春ドラマシリーズの中でも、最も人気が高かった作品のひとつで青春学園ドラマの代名詞的作品。主演は村野武範。無試験入学制度をとっている太陽学園にやって来た新任の教師・河野武（村野）が、持ち前のチャレンジ精神や正義感を発揮し、生徒たちに熱い思いを伝えていく。合言葉の「レッツビギン」は流行語となり、生徒役からも多くの人気者が生まれた。また、青い三角定規が歌った主題歌「太陽がくれた季節」も大ヒット。同年の「日本レコード大賞」新人賞を受賞し、「NHK紅白歌合戦」にも出場した。

スクール★ウォーズ

Best 53【5票】

1984年　TBS

青春ラグビードラマの金字塔
山下真司が熱血教師・滝沢役を熱演

Staff & Cast

原作：馬場信浩
脚本：長野洋ほか
監督：山口和彦　江崎実生ほか
プロデューサー：春日千春ほか
主題歌：麻倉未稀「ヒーロー」
出演：山下真司　岡田奈々
松村雄基　伊藤かずえ　宮田恭男
岩崎良美　下川辰平
名古屋章　和田アキ子
坂上二郎　梅宮辰夫ほか

ラグビー元全日本メンバーの教師が校内暴力で荒れる高校に着任し、困難に立ち向かいながら無名の弱体ラグビーチームを全国大会優勝に導くという実話を基につくられた奇跡の物語。ドラマ単独初主演の山下真司が熱血教師・滝沢役を熱演した。大映テレビの〝スポ根ドラマ最高傑作〟ともいわれ、109対0という大敗後の控え室で悔しいと吐露する生徒たちと、彼らを殴る滝沢の歴史的シーンはドラマを象徴するものだった。志半ばで病魔に倒れる〝イソップ〟を含む松村雄基、小沢仁志、高野浩和ら登場人物たちのドラマが感動を呼んだ。これを見てラグビーを始めた人も多い。

男女7人秋物語

Best 53【5票】

1987年　TBS

さんま&しのぶの黄金コンビ再び
さんまの二枚目ぶりに胸キュン度もアップ

Staff & Cast

脚本：鎌田敏夫
演出：生野慈朗　清弘誠
プロデューサー：
武敬子　山本典助
主題歌：森川由加里
「SHOW ME」
出演：明石家さんま
大竹しのぶ　岩崎宏美
山下真司　片岡鶴太郎
手塚理美　岡安由美子
柳葉敏郎　麻生祐未ほか

「男女7人夏物語」の翌年に放送された続編。前作からの明石家さんま、大竹しのぶ、片岡鶴太郎の3人に、岩崎宏美、手塚理美、山下真司、岡安由美子の4人が新キャストでが加わったが、実際は柳葉敏郎や麻生祐未らも絡んで、さらに複雑な恋模様が展開されることとなった。続編のランクインは大変珍しく、それだけこの「秋物語」が独自の人気を博した証拠だろう。実際「秋物語」のさんまの二枚目ぶりは「夏」の比ではない。脚本は、前作に続いて鎌田敏夫。ラブストーリーとしての〝胸キュン度〟は前作以上。視聴率も「夏」を大きく超えた。翌年10月、明石家さんまと大竹しのぶは結婚する。

君が嘘をついた

Best 53【5票】

1988年　フジテレビ

野島伸司脚本のトレンディードラマ代表作
うそから始まる若者たちの不器用な恋物語

Staff & Cast

脚本：野島伸司
監督：楠田泰之
プロデューサー：
山田良明　大多亮
音楽：渡辺建
主題歌：プリンセス プリンセス
「GET CRAZY！」
出演：三上博史　麻生祐未
工藤静香　大江千里
鈴木保奈美　布施博
地井武男ほか

野島伸司の連続ドラマデビュー作となる〝月9ドラマ〟で、当時トレンディードラマのエースと称された三上博史の主演作。三上と布施博、大江千里の大学時代からのヨット仲間3人が、麻生祐未、鈴木保奈美、井上彩名演じる3人とパーティーで知り合う。三上らは弁護士、麻生らは横浜のお嬢様と互いにうそを付き合って始まった関係は、やがて等身大の愛情に変わっていく。不器用な若者の恋模様はたちまち人気に。また、オープンカーに乗ったキャストやNGシーンのあるエンディング映像、三上らが2台ずつ電話を持ち3人で会話する場面などトレンディードラマならではのシーンが満載だ。

鬼平犯科帳

Best 53 【5票】

1989年　フジテレビ

第1シリーズから28年間で通算150本を放送
中村吉右衛門演じる“鬼平”決定版

Staff & Cast

原作：池波正太郎
脚本：野上龍雄ほか
監督：小野田嘉幹ほか
音楽：津島利章
企画：市川久夫ほか
出演：中村吉右衛門
篠田三郎　高橋悦史ほか

江戸時代後期、盗賊たちから「鬼の平蔵」と恐れられた、火付盗賊改方（ひつけとうぞくあらためかた）長官・長谷川平蔵を描いた池波正太郎の人気小説「鬼平犯科帳」。中村吉右衛門が平蔵を演じる捕物帳は、1989年7月から1990年2月までの第1シリーズを皮切りに、2001年の5月まで連続ドラマが放送され、2016年12月のスペシャルドラマ「鬼平犯科帳THE FINAL」まで通算150本が発表される大人気シリーズとなった。悪を倒し、信念を貫く平蔵のリーダーシップは老若男女に支持され、江戸に生きる市井の人々の義理人情を丁寧に描いて高い評価を受けている。

眠れる森

Best 53 【5票】

1998年　フジテレビ

幻想的な映像と野沢尚ならではの謎多き展開
中山美穂×木村拓哉の初共演ミステリー

Staff & Cast

脚本：野沢尚
演出：中江功　澤田鎌作
企画：亀山千広
プロデューサー：喜多麗子
主題歌：竹内まりや
「カムフラージュ」
出演：中山美穂　木村拓哉
仲村トオル　陣内孝則
ユースケ・サンタマリア
本上まなみほか

中山美穂と木村拓哉の初共演に注目が集まったミステリードラマ。恋人の輝一郎（仲村トオル）との結婚を控えた植物園職員の実那子（中山）は、謎めいた手紙をきっかけに故郷の思い出の森へ向かう。一家惨殺事件に巻き込まれたショックから、幼いころの記憶があいまいになっている実那子の前に現れたのは、見知らぬ青年・直季（木村）で、実那子の過去を知る彼との出会いから平穏な日常が崩れていく。ミステリアスなオープニングやロケーションの映像美、竹内まりやの主題歌「カムフラージュ」も相まって話題を呼んだ。ミステリー作家としても知られる脚本家・野沢尚の作品では最上位作品。

結婚できない男

Best
53
【5票】

2006年　関西テレビ

偏屈で皮肉屋の建築家・桑野信介
面倒くさいけど憎めない阿部寛のはまり役

Staff & Cast

脚本：尾崎将也
演出：三宅喜重　小松隆志ほか
プロデューサー：安藤和久ほか
音楽：仲西匡
主題歌：Every Little Thing「スイミー」
出演：阿部寛　夏川結衣
国仲涼子　塚本高史
高島礼子ほか

阿部寛が偏屈な建築家・桑野信介を演じ、脚本家・尾崎将也の代表作ともなったコメディードラマ。腕のいい建築家だが、独善的で皮肉屋な面が女性に受け入れられず、40歳で独身の信介。「結婚できないのではなく、しない」と理論武装する彼が、初めて自分と淡々と向き合う医師の女性らと出会い、結婚の幸せについて模索していく。掃除の行き届いた自宅でクラシック音楽を聴きながら一人指揮をし、外食や人生ゲームも一人で楽しむ一方で、小心者でライバルのブログは逐一チェックするという憎めないキャラクターが阿部のはまり役になった。19年には「まだ結婚できない男」として13年ぶりに復活。

龍馬伝

Best
53
【5票】

2010年　NHK

福山雅治が幕末のヒーロー・坂本龍馬を熱演
記憶に残る骨太のエンターテインメント

Staff & Cast

脚本：福田靖
演出：大友啓史ほか
制作統括：鈴木圭　岩谷可奈子
プロデューサー：土屋勝裕
音楽：佐藤直紀
出演：福山雅治　香川照之
大森南朋　広末涼子
寺島しのぶ　真木よう子
貫地谷しほり　蒼井優
佐藤健　上川隆也　近藤正臣
青木崇高　武田鉄矢ほか

幕末のヒーロー・坂本龍馬の33年の生涯を、幕末から明治にかけての屈指の経済人・岩崎弥太郎の視点で描く大河ドラマ第49作。高知・土佐に生まれた龍馬が、幕末の動乱で薩長同盟に尽力し、明治維新を大きく進める原動力となっていく。主演は福山雅治、脚本は福田靖。新たな龍馬像をダイナミックな演出で見せる骨太のエンターテインメントは幅広い世代から支持を集めた。鳥かごを背負った歯が真っ黒な弥太郎に扮した香川照之や、龍馬との別れのシーンが印象的な武市半平太役の大森南朋、〝人斬り以蔵〟として葛藤を抱える佐藤健ら脇を固めるキャストの熱演も見どころだった。

カルテット

Best 53【5票】

2017年　TBS

松たか子×満島ひかり×高橋一生×松田龍平
豪華俳優陣が共演する坂元裕二近年の代表作

Staff & Cast

脚本：坂元裕二
演出：土井裕泰　金子文紀ほか
プロデュース：土井裕泰
佐野亜裕美
主題歌：Doughnuts Hole
「おとなの掟」
出演：松たか子　満島ひかり
高橋一生　松田龍平
吉岡里帆　富澤たけし
宮藤官九郎　もたいまさこほか

坂元裕二脚本による知的興奮に満ちたオリジナル作。松たか子、満島ひかり、高橋一生、松田龍平の豪華俳優陣が展開する大人のサスペンス。楽器を持って〝偶然〟出会った4人が弦楽四重奏のカルテットを組み、軽井沢の別荘で共同生活をすることに。だが、4人には隠された秘密があった。突然のミステリー要素の出現で視聴者を翻弄するストーリー展開や、「唐揚げレモン問題」に代表される坂元脚本の会話劇の妙、どこか欠けたところがありながらも魅力的なキャラクターがSNSを中心に大きな反響を呼んだ。4人が歌う椎名林檎作のエンディングテーマ「おとなの掟」も素晴らしい。

ひよっこ

Best 53【5票】

2017年　NHK

岡田恵和が描く心温まる家族の物語
上京して働くヒロインを有村架純が熱演

Staff & Cast

脚本：岡田恵和
演出：黒崎博　田中正ほか
制作統括：菓子浩
プロデューサー：山本晃久
音楽：宮川彬良
主題歌：桑田佳祐「若い広場」
語り：増田明美
出演：有村架純　沢村一樹
木村佳乃　和久井映見
佐々木蔵之介　竹内涼真
峯田和伸　古谷一行
宮本信子ほか

ＮＨＫ連続テレビ小説96作目。岡田恵和3作目の連続テレビ小説で、東京五輪が開催された1964年ころに茨城から集団就職で上京したヒロイン・みね子の青春と成長、家族や周囲の人々の日々を描く。少しのんびり屋だがたくましいみね子を演じる有村架純の柔らかく芯の強い演技は、木村佳乃、沢村一樹らの家族、奥茨城の人々、和久井映見、宮本信子ら職場の面々らベテラン陣をリードする。また、乙女寮の仲間たちやあかね荘の住人たちなど、すべての人々が愛らしくいとおしい。そして増田明美の自由で明るいナレーションも好評を得て、2年後を描く続編も作られた。

グランメゾン東京

Best
53
【5票】

2019年　TBS

木村拓哉×型破りなカリスマシェフ
かつての仲間が“チーム”で三ツ星を目指す

Staff & Cast

脚本：黒岩勉
演出：塚原あゆ子　山室大輔ほか
プロデューサー：伊與田英徳ほか
音楽：木村秀彬
主題歌：山下達郎
「RECIPE（レシピ）」
出演：木村拓哉　鈴木京香
玉森裕太　尾上菊之助
及川光博　沢村一樹ほか

木村拓哉が型破りなフランス料理シェフを演じる「日曜劇場」。慢心からすべてを失ったカリスマシェフが、才能に引き寄せられた仲間たちと共に再び立ち上がるというストーリー。鈴木京香、沢村一樹、玉森裕太、及川光博ら共演陣の豪華さはもちろん、パリでのロケ、有名レストランの協力などの視覚的要素の高さ、2003年の「GOOD LUCK!!」以来16年ぶりのタッグとなった山下達郎の主題歌と、布陣は盤石。何よりも、登場人物の心情を丁寧に描写する塚原あゆ子演出で作り上げられていく、力強い〝チーム感〟に引き込まれる。吹き替えなしという木村の見事な料理シーンも話題に。

日本のあり方に疑問を投げかけた傑作群
ドラマがひとつの頂点を迎えた～1970年代

70年代はクオリティーという点でテレビドラマがひとつの頂点を迎えた時代だ。今回のランキングでも、ベストテンに6作、ベスト100にはなんと31作を送り込むという快挙である。山田太一、倉本聰、向田邦子、市川森一など、力のある脚本家たちが意欲的な作品を送り出しているからでもあるし、新たなスターが次々にテレビに現れた時期だからでもあるが、最も大きいのはテレビ自体の持っている力が大きくなったことだろう。多少リスキーな企画でも、制作者たちの挑戦や志を受け入れる余裕がテレビにあったということが大きい。

　そしてドラマに描かれた内容を見てみると、そんな高度成長を遂げた日本のあり方に疑問を持ち、警鐘を鳴らすような作品が多いことに気づく。「岸辺のアルバム」「男たちの旅路」「高原へいらっしゃい」といった山田太一作品、萩原健一主演の諸作品、当時は主人公たちが謳歌する青春が眩しかった「天下御免」も「俺たちの旅」も、そして「寺内貫太郎一家」も、みなどちらかといえば時代に乗り遅れた人々のドラマだ。それが今でも支持を得ているというのは皮肉なことである。

事件記者

Best 66【4票】

1958年　NHK

新聞記者たちの激しい取材活動とスクープ合戦 テレビ草創期を代表する“お仕事ドラマ”

Staff & Cast

脚本：島田一男
演出：若林一郎
坐古悠輔ほか
音楽：小倉朗
出演：永井智雄　大森義夫
原保美　滝田裕介
清村耕次　外野村晋
園井啓介　山田吾一
坪内美詠子ほか

警視庁の記者クラブを舞台に、記者たちの激しい取材活動とスクープ競争を描いた、テレビ草創期の人気ドラマ。

警視庁で起きる事件を、刑事ではなく新聞記者の側から描いた。取り扱う事件の面白さや取材合戦、スピーディーな展開が好評を博し、高視聴率をあげた。ドラマ開始当初は1回30分で2話完結であったが、途中から1回60分で1話完結となった。

脚本を担当したのは数々の推理小説で知られる作家・島田一男。島田はもともと新聞記者出身だったので、自らの記者経験をベースにリアリティーのあるドラマを描いた。

ウルトラQ

Best 66【4票】

1966年　TBS

円谷プロの空想特撮シリーズはここから始まる テーマ曲も印象的なＳＦドラマの傑作

Staff & Cast

脚本：千束北男　金城哲夫
山田正弘　上原正三
小山内美江子ほか
演出：円谷一
野長瀬三摩地ほか
ナレーション：石坂浩二
出演：佐原健二
桜井浩子　西條泰彦ほか

円谷プロの空想特撮シリーズ第1弾。

星川航空のパイロット・万城目淳（佐原健二）と助手の戸川一平（西條泰彦）、新聞社の女性カメラマン・江戸川由利子（桜井浩子）の3人が、奇怪な生物や怪獣などに科学の力で立ち向かっていく30分のＳＦドラマ。カネゴンやガラモンなど、その後人気ものになっていく怪獣たちは、ここから登場した。円谷プロの空想特撮シリーズは、このあと「ウルトラマン」「ウルトラセブン」へと続いていくが、「ウルトラQ」には助けてくれる正義の味方が登場しないことと、モノクロの映像も相まって、リアルで怖い画面が作られていた。

６羽のかもめ

Best 66【4票】

1974年　フジテレビ

倉本聰がテレビ局の内幕を描いた話題作
視聴率よりも芸能界での支持が高かった

Staff & Cast

脚本：倉本聰　宮川一郎
斎藤憐　土橋成男
高際和雄　野波静雄
演出：富永卓二　大野三郎
プロデュース：嶋田親一
垣内健二
主題歌：加藤登紀子
「かもめ挽歌」
出演：淡島千景　高橋英樹
加東大介　栗田ひろみ
長門裕之　夏純子
中条静夫　山﨑努ほか

２００人以上の大所帯だった劇団かもめ座が、団員の脱退でたった６人に減ってしまう。残った６人が現実社会で懸命に生きていく姿を描いた作品。

原案は倉本聰で、毎回、テレビ局の裏側を具体的に描いた。経歴詐称の新人タレント、人気回復のために故意に自分のゴシップを流す俳優、遅刻してベテラン女優を怒らせた若いタレント、制作部長とプロデューサーの反目など、見る人が見れば誰がモデルかわかるような内容で、視聴率はあまり振るわなかったが、芸能界では大きな支持を集めた。特にプロデューサーがこき下ろされるシーンがタレントには痛快だったようだ。

想い出づくり。

Best 66【4票】

1981年　TBS

結婚適齢期を迎えた3人の女性が、結婚前に
“想い出”を探そうとする日常を山田太一が描く

Staff & Cast

脚本：山田太一
演出：鴨下信一
井下靖央　豊原隆太郎
プロデューサー：
大山勝美　片島謙二
出演：森昌子　古手川祐子
田中裕子　柴田恭兵　佐藤慶
児玉清　谷口香　前田武彦
坂本スミ子　佐々木すみ江ほか

24歳、結婚適齢期を迎えた３人の女性たちを描いた話題作。結婚までに何か想い出を作ろうとする３人を、森昌子、古手川祐子、田中裕子が演じた。山田太一の代表作のひとつである。

24歳が結婚適齢期というのも時代を感じるが、結婚したいがこのままなんの想い出もなく結婚するだけじゃつまらないという主人公たちのつぶやきは、当時の同世代の女性たちから、大きな共感を集めた。

放送時間は金曜夜10時で、「北の国から」の真裏であった。「北の国から」は、このドラマが終了するまで、視聴率的には苦戦を強いられた。

ながらえば

Best 66【4票】

1982年　NHK

笠智衆・宇野重吉の競演で 老人問題に意欲的に取り組んだ感動作

Staff & Cast

脚本：山田太一
演出：伊豫田静弘
音楽：湯浅譲二
出演：笠智衆　宇野重吉
長山藍子　堀越節子
中野誠也　佐藤オリエほか

脚本家・山田太一が、老人問題に意欲的に取り組んでいた時期に、笠智衆を主役に、老夫婦の絆、親と子供の同居について書き下ろしたドラマ。

息子の転勤で富山に移った建具職人が、病気のため名古屋の病院に入院している老妻に〝別れ〟を告げるため、一人電車に乗る。しかし、料金不足で途中の駅で降ろされてしまう。駅前旅館の主人の好意で、なんとか名古屋の病院に向かう……。

笠智衆の演技が素晴らしく、視聴率も21・1%を上げた。

芸術祭優秀賞、モンテカルロ国際テレビ祭最優秀演出賞など、各賞に輝く。

日本の面影

Best 66【4票】

1984年　NHK

数々の怪談話で知られるラフカディオ・ハーン 古き日本を愛した、波乱に富んだ人生を描く

Staff & Cast

脚本：山田太一
演出：中村克史　音成正人
音楽：池辺晋一郎
出演：ジョージ・チャキリス
檀ふみ　津川雅彦　小林薫ほか

日本が西洋に追いつこうと、前近代的なものを振り捨てていった明治23年に来日し、古き良き日本を愛し、心から日本を理解しようとした西洋人、ラフカディオ・ハーン（小泉八雲）の、波乱に富んだ人生とその作品の世界を山田太一脚本で描いた。

ハーンは山陰・松江の中学校の教師を務めていた。松江の静謐な世界を気に入っていたハーンを演じたのはジョージ・チャキリス、彼を支える妻・セツは檀ふみが演じた。

第17回テレビ大賞優秀番組賞、第21回ギャラクシー賞大賞を受賞したほか、山田自身も本作で第2回向田邦子賞を受賞している。

101回目のプロポーズ

Best 66 【4票】

1991年　フジテレビ

浅野温子と武田鉄矢の意外なキャスティングが大きな共感を集める純愛ドラマとなった

これまで99回の見合いをすべて断られてきた、もてない中年男・星野達郎（武田鉄矢）が、決死の思いで挑んだ100回目の見合い相手は、オーケストラのチェロ奏者・矢吹薫（浅野温子）だった。

まさに〝美女と野獣〟である。浅野温子と武田鉄矢というまさかのキャスティングによる純愛ドラマ。達郎の愛が起こした奇跡が視聴者の心をつかみ、最終回の視聴率は36・7％を記録した。

武田が走って来るトラックの前に飛び出して叫んだ「僕は死にましぇ〜ん」は流行語になり、CHAGE&ASKAが歌った主題歌「SAY YES」もオリコンチャート13週連続1位を記録。

Staff & Cast

脚本：野島伸司
演出：光野道夫
石坂理江子　林徹
プロデューサー：大多亮
音楽：西村由紀江
主題歌：CHAGE&ASKA
「SAY YES」
出演：浅野温子　武田鉄矢
江口洋介　田中律子
浅田美代子　竹内力
石田ゆり子　長谷川初範ほか

ひとつ屋根の下

Best 66 【4票】

1993年　フジテレビ

「そこに愛はあるのかい？」月9枠では珍しいホームドラマが大ヒット

「ひとつ屋根の下」は、両親を亡くして離れ離れになっていた家族を再生していくというストーリー。

長男の柏木達也（江口洋介）は結婚の報告をするために、両親を亡くして離れ離れになっている弟妹のもとを訪ねる。長女の小雪（酒井法子）以外は冷ややかな態度を取るが、やがてクリーニング店を営む達也のもとで、兄妹一緒に暮らすこととなる。達也の決めゼリフ「そこに愛はあるのかい？」は流行語となった。〝平成の寅さん〟とも言われ、新しいタイプのホームドラマとして記録的な大ヒット。最高視聴率37・8％は、フジテレビ連続ドラマ歴代最高記録。97年にパート2も放送された。

Staff & Cast

脚本：野島伸司
演出：永山耕三　中江功ほか
プロデューサー：大多亮
音楽：日向敏文
主題歌：財津和夫「サボテンの花
〜ひとつ屋根の下より〜」
出演：江口洋介　福山雅治
酒井法子　いしだ壱成
大路恵美　山本耕史ほか

踊る大捜査線

Best 66 【4票】

1997年　フジテレビ

それまでの刑事ドラマとは一線を画し、警察のサラリーマン感覚を描いた異色作

Staff & Cast

脚本：君塚良一
演出：本橋克行ほか
プロデューサー：亀山千広ほか
出演：織田裕二　柳葉敏郎
深津絵里　水野美紀
ユースケ・サンタマリア
いかりや長介ほか

97年、フジテレビがお台場に移転。その年の1月よりスタートしたお台場の湾岸署を舞台にした刑事ドラマ。しかし、それまでの刑事ドラマとは一線を画し、警察署も職場のひとつであり、刑事もサラリーマンであるといった視点で描かれた。殺人事件は本庁（警視庁）が仕切り、所轄（湾岸署）は雑用ばかりといった警察のピラミッド構造もコミカルに描いた。

脱サラして警察官になった刑事・青島（織田裕二）を中心にストーリーが展開する。ドラマは尻上がりに人気を上げ、最終回の視聴率は20%を超え、98年には映画も大ヒット、その後も多くの劇場版やスピンオフドラマを生んだ。

HERO

Best 66 【4票】

2001年　フジテレビ

検事が主役の新しいタイプのドラマ 真実を追求していく姿に多くの共感が集まった

Staff & Cast

脚本：福田靖ほか
演出：鈴木雅之ほか
プロデューサー：
石原隆　和田行
出演：木村拓哉　松たか子
大塚寧々　阿部寛
勝村政信　小日向文世
八嶋智人　田中要次
角野卓造　児玉清ほか

ジーンズにダウンジャケットの型破りの検事・久利生公平を木村拓哉が演じた、検事が主人公の新しいタイプのドラマ。東京地検城西支部を舞台に、個性的なメンバーが真実を追い求める姿をスリリングに描いた。木村と、担当事務次官を演じた松たか子とは、97年の月9「ラブジェネレーション」以来のコンビ。劇中たびたび登場するバーのマスター（田中要次）の「あるよ」も流行語となった。最高視聴率は36・8%で、全11話がすべて視聴率30%超えの大ヒットドラマとなり、06年にスペシャルの放送を経て、07年に劇場版が公開。14年には第2シリーズを放送、15年に劇場版第2弾が公開された。

僕の生きる道

Best 66【4票】

2003年　関西テレビ

俳優・草彅剛の真骨頂にして集大成
「愛と死」がテーマの感動作

Staff & Cast

脚本：橋部敦子
演出：星護ほか
プロデューサー：重松圭一ほか
出演：草彅剛　矢田亜希子
谷原章介　森下愛子
小日向文世　大杉漣ほか

草彅剛が余命1年を宣告され自暴自棄となった高校教師を演じ、死の恐怖と直面しながら次第に現実と向き合い、生きることに意味を見出していく橋部敦子脚本の感動作。主人公を支え励ます矢田亜希子の熱演も胸を打った。第1話は15・4％でスタートした視聴率もじわじわと上がっていき、最終回は21・6％を記録。エンディングに流れるSMAPの「世界に一つだけの花」もドラマの世界観とマッチしていた。

翌年には同じく橋部の脚本で、「僕と彼女と彼女の生きる道」が、06年には「僕の歩く道」が、いずれも草彅主演で放送され、〝僕シリーズ三部作〟と呼ばれた。

点と線

Best 66【4票】

2007年　テレビ朝日

松本清張の“時刻表トリックの傑作”を
脚本・竹山洋、主演・ビートたけしでドラマ化

Staff & Cast

原作：松本清張
脚本：竹山洋
演出：石橋冠
プロデューサー：
五十嵐文郎　藤本一彦
音楽：坂田晃一
ナレーション：石坂浩二
出演：ビートたけし　高橋克典
柳葉敏郎　夏川結衣　内山理名
原沙知絵　樹木希林　市原悦子
橋爪功　小林稔侍ほか

〝時刻表トリックの傑作〟と称される松本清張の名作を、テレビ朝日開局50周年記念ドラマスペシャルとして放送。ビートたけし演じる定年間際のベテラン刑事・鳥飼重太郎が、心中に見せかけた完全犯罪の真相を暴いていく。

豪華キャスト陣の演技もさることながら、小説発表時の昭和32年の街並みを、オープンセットとCGを駆使して再現し、ドラマの世界観を作りあげたことでも注目を集めた。

ドラマは二部構成・2夜連続で放送され、いずれも20％を超える視聴率を記録。

平成19年度文化庁芸術祭賞テレビ部門ドラマの部大賞を受賞した。

大恋愛～僕を忘れる君と

Best 66 【4票】

2018年　TBS

戸田恵梨香×ムロツヨシという組み合わせで大石静が王道の純愛ラブストーリーを描いた

戸田恵梨香、ムロツヨシという組み合わせで描く、34歳にして若年性アルツハイマーにおかされる女医と、自分を忘れていく恋人を健気に支える元小説家の10年をたどっていく切ないラブストーリー。脚本は数々の人気ドラマを手がける大石静のオリジナル作品。個性派俳優のムロツヨシは42歳にしてエランドール賞新人賞を受賞、本作は連続ドラマでの本格ラブストーリー初主演作となる。

運命的に出会った2人の幸せな日々と葛藤や別れ、結婚生活とその先の姿を真摯に演じるシーンが胸を打つ。戸田の母親役の草刈民代、戸田の元婚約者役の松岡昌宏らの演技も素晴らしかった。

Staff & Cast

脚本：大石静
演出：金子文紀
岡本伸吾　棚澤孝義
プロデューサー：
宮﨑真佐子　佐藤敦司
音楽：河野伸
主題歌：back number
「オールドファッション」
出演：戸田恵梨香　ムロツヨシ
草刈民代　松岡昌宏ほか

70年代の残り香からの大きな変化 新たな時代の萌芽の予感～1980年代

80年代初頭は、まだ70年代の空気をひきずっている。80年代の作品でベストテンに入った「北の国から」「ふぞろいの林檎たち」「夢千代日記」の3本は、見事に時代に乗れなかった人々たちの物語である。3作品とも、主人公たちは物質的な豊かさとは違う何かを求めて懸命に生きている。そういう物語がいまでもこうして多くの人の胸に残っているわけである。他にも「淋しいのはお前だけじゃない」「早春スケッチブック」「君は海を見たか」「花へんろ　風の昭和日記」など、時代への違和感を訴える作品が多くランクインしている。

やがて、80年代も中盤に差し掛かってくると様相が変わってくる。「おしん」「独眼竜政宗」「スクール★ウォーズ」といった作品群から感じられるのは、時代に挑み、こちら側に引き寄せようとする力強さだ。そして「男女7人夏物語」「男女7人秋物語」の2作品の登場は、新たな時代の萌芽を否応なく感じさせる。次の繁栄の時代とドラマとの新しい関係が、「君が嘘をついた」のランクインに象徴されている。

三匹の侍

Best 79【3票】

1963年　フジテレビ

しっかりとしたキャラクター設定と迫力の演出
痛快なストーリーで、時代劇の面白さを堪能

Staff & Cast

原作：五社英雄ほか
脚本：柴英三郎ほか
演出：五社英雄ほか
出演：丹波哲郎
平幹二朗　長門勇ほか

丹波哲郎、平幹二朗、長門勇の3人が扮する〝三匹の浪人〟が、すさまじい殺陣を展開、徹底した娯楽時代劇として一時代を築いた作品。視聴者の熱狂的な支持を集めたのは、3人の絶妙な性格設定。思慮深く豪快な柴左近（丹波哲郎）、ニヒルだが女好きな剣の使い手・桔梗鋭之介（平幹二朗）、朴訥な槍の名人・桜京十郎（長門勇）と、それぞれが愛すべきキャラクターであった。

痛快なストーリーもさることながら、最大の見どころは五社英雄演出による派手な立ち回りシーン。刀を縦に振るスピード感と、迫力ある効果音で、時代劇ファンを魅了した。

それぞれの秋

Best 79【3票】

1973年　TBS

一見平凡な家庭の中にもいろいろな問題がある
脚本家・山田太一のその後を決定づけた作品

Staff & Cast

脚本：山田太一
演出：井下靖央　阿部裕三
プロデューサー：
飯島敏宏　酒巻武彦
出演：小林桂樹
久我美子　林隆三
小倉一郎　高沢順子
海野まさみ　火野正平
桃井かおりほか

「木下恵介・人間の歌シリーズ」の12作目で、脚本は山田太一が担当した。

ドラマは長期住宅ローンでマイホームを建てた平均的な家庭を構成する5人を通して、家族の絆とは何かを考えさせる作品。出来は悪いが心の優しい次男を小倉一郎が演じ、定年間近の父を小林桂樹が演じた。

一見ごく平凡な家庭も、実はさまざまな問題を抱えている。ドラマはその部分を追求していく。この作品は、その後の「岸辺のアルバム」へとつながる作品でもあり、脚本家・山田太一のその後を決定づけたとも言える。

第6回テレビ大賞受賞。

高原へいらっしゃい

Best 79 【3票】

1976年　TBS

高原のホテルを立て直すべく奮闘する物語
リメイクもされた山田太一の名作ドラマ

Staff & Cast

原作：山田太一
脚本：山田太一
横堀幸司　折戸伸弘
演出：高橋一郎
福田新一　田沢正稔
プロデューサー：高橋一郎
主題歌：小室等「お早うの朝」
出演：田宮二郎　由美かおる
潮哲也　池波志乃　古今亭八朝
益田喜頓　三田佳子ほか

荒廃し経営が難しい八ヶ岳のふもとのホテルを立て直すべく立ち上がった一人の男性と、彼を取り巻くスタッフの奮闘を描いた、山田太一の書き下ろしオリジナルドラマ。

主演のホテルマネージャー・面川清次を田宮二郎が演じ、宿泊客役には毎回多彩なゲストが出演した。高原のホテルを舞台に、数々のエピソードを交えながら、物語はさわやかに、時にスリリングに描かれていく。

小室等作曲、歌唱による主題歌「お早うの朝」は、谷川俊太郎作詞によるもの。

03年には佐藤浩市主演で、リメイク版が放送されている。

君は海を見たか

Best 79 【3票】

1982年　フジテレビ

萩原健一主演で3度目の映像化
倉本聰脚本による名作ドラマ

Staff & Cast

脚本：倉本聰
演出：杉田成道　山田良明
出演：萩原健一　六浦誠
伊藤蘭　柴俊夫　田中邦衛
高橋恵子（当時 関根恵子）
高岡健二　水沢アキほか

倉本聰脚本による作品。70年に日本テレビ系で放送され、71年に映画化。本作は82年に萩原健一主演で、新たに制作・放送されたものになる。

仕事一筋の父親（萩原健一）と、ひたすらにその父の愛を求める難病の子どもとの心のすれ違いを通して、真の人間の生き方を問うシリアスドラマ。谷川俊太郎の詩「生きる」がドラマ内で重要な要素として用いられているほか、ショパンの「ワルツ第10番」も印象に残る作品。

前年放送の「北の国から」のヒットを受けて、杉田成道、山田良明といった、同じ演出陣で制作された。

花へんろ 風の昭和日記

Best 79 【3票】

1985年　NHK

早坂暁のライフワークとも言える作品
お遍路さんを通して昭和という時代を描いた

Staff & Cast

脚本：早坂暁
演出：深町幸男
木田幸紀ほか
ナレーション：渥美清
出演：桃井かおり
河原崎長一郎　中条静夫
藤村志保　下條正巳
沢村貞子　樹木希林ほか

早坂暁の脚本作品で、「ドラマ人間模様」シリーズの一作として放送された。

大正から昭和のはじめ、四国の遍路道に面した一商家を舞台に、戦時下の庶民の暮らしを描いた早坂の自伝的なドラマ。

家出をした静子（桃井かおり）は、商家富屋の次男・勝二（河原崎長一郎）と結婚する。ある日、静子が助けたお遍路さんが、娘を残して姿を消す……。

早坂は本作で第4回向田邦子賞を受賞。早坂のライフワークともいえる作品で、続編として86年に「花へんろ第二章」、88年に「花へんろ第三章」、97年に「新花へんろ」が放送された。

愛していると言ってくれ

Best 79 【3票】

1995年　TBS

手話に対する関心と理解を広げた
北川悦吏子の切ないラブストーリー

Staff & Cast

脚本：北川悦吏子
演出：生野慈朗　土井裕泰
プロデューサー：貴島誠一郎
主題歌：DREAMS
COME TRUE
「LOVE LOVE LOVE」
出演：豊川悦司　常盤貴子
岡田浩暉　鈴木蘭々
矢田亜希子　高橋恵理子
塩見三省　余貴美子
吉行和子　橋爪功ほか

ハンディキャップのある人が主要な登場人物として描かれるドラマの中でも、特に重要な作品と言えるドラマ。主人公は豊川悦司演じる聴覚障害のある新進気鋭の画家・晃次と、常盤貴子演じる女優志望の紘子。脚本はその後もこういったジャンルのドラマを多く手掛ける北川悦吏子で、小さなエピソードの積み重ねと美しい映像が静かな感動を呼んだ作品である。

豊川はこのドラマで人気を決定的なものにし、常盤もこれ以降、数々の話題の連続ドラマに出演していくことになる。

ドリカムの主題歌「LOVE LOVE LOVE」も大ヒットした。

青い鳥

Best 79 【3票】

1997年　TBS

本当の愛とは、そして幸せとは何か
豊川悦司主演で野沢尚が描く壮大な物語

Staff & Cast

脚本：野沢尚
演出：土井裕泰　竹之下寛次
プロデューサー：貴島誠一郎
主題歌：globe
「Wanderin' Destiny」
出演：豊川悦司　夏川結衣
佐野史郎　永作博美　鈴木杏
山田麻衣子　仲谷昇　前田吟ほか

幸せの青い鳥を求めて生きる男女の姿を描いた、豊川悦司主演、野沢尚脚本によるラブストーリー。

小さな町で駅員として働く理森（豊川）は、町の有力者の妻・かほり（夏川結衣）とその娘・誌織（鈴木杏、山田麻衣子）を連れて駆け落ちする。その波乱に満ちた10年間を、テレビドラマでは例を見ないロードムービーさながらの大がかりな全国縦断ロケと、半年もの撮影期間をかけて壮大に綴ったドラマである。

全11話の連続ドラマが終了した翌週に「完結編」として、これまでのダイジェストに加えて、その後を描いた2時間スペシャルが放送されたことでも話題を集めた。

総理と呼ばないで

Best 79 【3票】

1997年　フジテレビ

三谷幸喜×田村正和のコンビでおくる
総理官邸が舞台のシチュエーション・コメディー

Staff & Cast

脚本：三谷幸喜
演出：鈴木雅之
河野圭太ほか
プロデューサー：関口静夫
音楽：服部隆之
出演：田村正和　鈴木保奈美
筒井道隆　鶴田真由
西村まさ彦（当時西村雅彦）
佐藤藍子　戸田恵子
篠井英介　松金よね子ほか

三谷幸喜・田村正和の「古畑任三郎」コンビで描くシチュエーション・コメディー。架空の国の総理官邸を舞台に、総理とその側近たちの混乱ぶりを描いた。性格も悪く、支持率も1・8％と最低な内閣総理大臣を田村正和が演じた。マスコミからは叩かれ、野党からは不信任案が出るなど八方ふさがりだが、なんとかあと1か月内閣を維持して、在職最短記録更新だけは避けたいと奮闘する。

総理の妻を鈴木保奈美が演じ、古畑任三郎でもコンビを組んだ西村まさ彦が主席秘書官を演じた。登場人物の大半が、名前でなく肩書で呼び合うのもこのドラマの特徴。

TRICK

Best 79【3票】

2000年　テレビ朝日

霊能力者が引き起こす超常現象や怪奇な事件の裏に隠されたトリックの世界をコミカルに描く

Staff & Cast

脚本：蒔田光治ほか
演出：堤幸彦ほか
出演：仲間由紀恵
阿部寛　生瀬勝久
野際陽子ほか

仲間由紀恵演じる自称・天才マジシャンの山田奈緒子と阿部寛演じる日本科学技術大学物理学教授・上田次郎のコンビが、超常現象の裏に隠されたトリックを解き明かすドラマ。監督の堤幸彦、脚本の蒔田光治、双方の代表作となった。基本はミステリー仕立てのドラマだが、セリフのパロディーや、看板や貼り紙など、細かいところにちりばめられた小ネタがふんだんに折り込まれたところは深夜ドラマならではである。

人気が高まり、続編となる連続ドラマ、スペシャルドラマが次々と放送され、03年にはプライムタイム進出も果たした。02年、06年、10年、14年には劇場版も公開された。

新しい作家たちが作った
テレビ史有数のドラマ黄金期～1990年代

90年代はテレビ史有数のドラマ黄金期だった。高視聴率ドラマが数多く生まれ、まさに連続ドラマのバブル期だったといっていいだろう。そして80年代以前との決定的な変化を挙げるとすれば、ランクイン作品の作家陣がガラリと変わったということと、フジテレビ作品が急増していることである。

坂元裕二、野島伸司、三谷幸喜、北川悦吏子といった作家陣が次々と時代を映すヒット作を生み出すさまは、テレビを見ている側からしてもワクワクさせられた。当時30代でほぼ同世代だった脚本家たち（岡田恵和や井上由美子、中園ミホらを加えてもいいだろう）がこの時期一斉に頭角を現したことが、ドラマ黄金期を支えた原動力になっていることは間違いない。30年経った現在でもみんな精力的に新作を書き続けているのは頼もしい限りだが、逆にいえば彼らが、脚本家がその時代のドラマの潮流を作っていた最後の世代といえるかもしれない。21世紀に入って以降、テレビのドラマ作りはどんどんチーム戦になり、脚本家もその一部になっていくからである。

ガリレオ

Best 79 【3票】

2007年　フジテレビ

天才物理学者が事件の謎に挑む
風変わりな科学者を福山雅治が好演

Staff & Cast

原作：東野圭吾
脚本：福田靖ほか
演出：西谷弘ほか
音楽：福山雅治　菅野祐悟
出演：福山雅治　柴咲コウ
北村一輝　品川祐
渡辺いっけいほか

「実に面白い」が口グセの天才物理学者・遊川学を福山雅治が演じた、東野圭吾原作の科学ミステリードラマ。福山演じる帝都大学理工学部物理学科准教授・遊川学が、新人女性刑事・内海薫（柴咲コウ）の依頼を受けて、明晰な頭脳で事件のさなかに起きる超常現象の謎を解き明かしていく。事件解決の際に、ものすごい勢いで方程式を所かまわず書きまくるお決まりのシーンも話題となった。バックに流れる福山のギターによる疾走感あるテーマ曲も評判になった。

13年より第2シーズンが放送され、相棒の女性刑事は吉高由里子になった。映画化のほか、スペシャルやスピンオフも放送された。

篤姫

Best 79 【3票】

2008年　NHK

篤姫の一途な信念と女性としての優しさを
宮﨑あおいが好演して話題を集めた大河ドラマ

Staff & Cast

原作：宮尾登美子
脚本：田渕久美子
演出：佐藤峰世
音楽：吉俣良
出演：宮﨑あおい
余貴美子　高橋英樹
山口祐一郎　松坂慶子
長塚京三　樋口可南子
堺雅人　松田翔太ほか

激動の幕末、薩摩藩・島津家の分家から徳川第十三代将軍・家定（堺雅人）に嫁いだ篤姫（宮﨑あおい）を主人公に、家定の死後、出家して天璋院となった後も、自らの信念を一途に貫き、江戸城無血開城に大きな役割を果たした女性の波瀾万丈の生涯を描く。

宮﨑は連続テレビ小説「純情きらり」出演中に大抜擢され、大河ドラマ史上最年少となる22歳（放送開始時）での主演で話題を集めた。幕末維新の大河は当たらないと言われてきた中、全50回の平均視聴率は24・5％で、幕末を舞台にした大河ドラマでは過去最高となり、過去10年の大河ドラマでも最高の視聴率となった。

坂の上の雲

Best 79【3票】

2009年　NHK

足かけ3年にわたって放送された、大河ドラマを凌ぐスケールの大作

Staff & Cast

原作：司馬遼太郎
脚本：野沢尚ほか
演出：柴田岳志ほか
音楽：久石譲
ナレーション：渡辺謙
出演：本木雅弘
阿部寛　香川照之
菅野美穂　松たか子ほか

日露戦争において日本海軍の名将と謳われた秋山真之（本木雅弘）と、真之の兄で日本陸軍の騎兵の父・秋山好古（阿部寛）、日本文学の中興の祖である俳人・正岡子規（香川照之）。時代の激流に飲み込まれながら、新たな価値観の創造に立ち向かう3人の男たちの生きざまを描いた青春群像劇。

累計発行部数が1800万部を超える司馬遼太郎の国民的小説の初映像化であり、構想に10年、撮影に3年をかけた大作で、全13話を09年〜11年の各年末の日曜夜に、大河ドラマを11月に終了させて放送するという特別編成を行った。とことんまでリアリティーを追求した映像も見ごたえある作品だ。

Mother

Best 79【3票】

2010年　日本テレビ

このドラマのキーワードは「母性」坂元裕二がシリアスな社会問題を投げかける

Staff & Cast

脚本：坂元裕二
演出：水田伸生　長沼誠
プロデューサー：
次屋尚　千葉行利
チーフプロデューサー：田中芳樹
出演：松雪泰子　山本耕史
酒井若菜　倉科カナ
芦田愛菜　尾野真千子
高畑淳子　田中裕子ほか

脚本家・坂元裕二が書き下ろした社会派サスペンスドラマ。

母親とその恋人に虐待された末、ゴミ袋で遺棄される少女を演じたのは、当時5歳の芦田愛菜。少女といっしょに逃げることを選択する担任教師を松雪泰子が演じた。虐待の事実を児童相談所に通告することが本当の解決なのか。誘拐して少女を救うことを責められるのか。逃亡する〝母娘〟の姿が、視聴者にいろいろなことを問いかける。とにかく、このドラマにおける芦田愛菜の演技は衝撃的とも言える素晴らしさだった。

坂元はこのテーマの延長線上で13年に「Woman」、18年に「anone」を発表する。

家政婦のミタ

Best 79 【3票】

2011年　日本テレビ

「承知しました」でどんなことでもやってしまう型破りな家政婦を松嶋菜々子が演じた

Staff & Cast

脚本：遊川和彦
演出：猪股隆一　佐藤東弥ほか
プロデューサー：
大平太　太田雅晴
チーフプロデューサー：田中芳樹
主題歌：斉藤和義
「やさしくなりたい」
出演：松嶋菜々子　長谷川博己
相武紗季　忽那汐里
中川大志　綾部守人
本多望結　白川由美ほか

松嶋菜々子がそれまで持っていたイメージとは180度異なるミステリアスな家政婦・三田灯を演じた。完璧な家事と頼まれればなんでもやってしまう型破りな行動で、崩壊寸前の家庭を再生していく、遊川和彦脚本の異色ホームドラマ。三田の決めゼリフである「承知しました」は流行語にもなった。

シリアスなテーマを扱いながらもどこかコミカルに物語は進み、1話完結ではなく次回につながっていく作りだったため、回を追うごとに視聴率はアップ。最終回は40・0%という驚異的な数字を記録した。まだテレビドラマも力を持っているということを証明してくれた作品である。

孤独のグルメ

Best 79 【3票】

2012年　テレビ東京

松重豊が食べる姿に何故か惹かれる新しいスタイルのドキュメンタリードラマ

Staff & Cast

脚本：田口佳宏ほか
演出：溝口憲司ほか
出演：松重豊ほか

久住昌之原作（画・谷口ジロー）による同名ロングセラーコミックのドラマ化。輸入雑貨商を営む井之頭五郎（松重豊）が、営業先で見つけた食堂にふらりと立ち寄り、食べたいと思ったものを自由に食す。実在の店の実在のメニューが登場するドキュメンタリードラマ。とにかく松重の食べっぷりが食欲をそそる。深夜に見せられるおいしそうに食べる姿は「夜食テロ」などとも言われ、深夜24時台のドラマとしては異例の高視聴率をマークした。

特に主だったストーリーはない。かと言って料理のうんちくやレシピ情報もない。ある意味、まったく新しいドラマのスタイルである。

リーガル・ハイ

Best
79
【3票】

2012年　フジテレビ

裁判に勝つためならなんでもする敏腕弁護士
古沢良太が送る極上のリーガルコメディー

Staff & Cast

脚本：古沢良太
演出：石川淳一ほか
出演：堺雅人　新垣結衣
田口淳之介　生瀬勝久
小池栄子　里見浩太朗ほか

拝金主義で偏屈で毒舌の敏腕弁護士・古美門研介（堺雅人）が、誰もが有罪であると信じて疑わない被告を、周到な根回しと奇想天外な策略によって無罪へと導いていく法廷コメディー。正義感は強いが融通が利かない新人弁護士・黛真知子（新垣結衣）と丁々発止のやり取りを繰り広げる。

とにかくクセの強いキャラクターである古美門の、膨大で早口のセリフがこのドラマの特長で、毎回、辛辣ではあるが、胸のすく主張をまくしたてる。

13年にスペシャルが放送され、同年、新レギュラーに岡田将生を加えて第2シリーズが放送され、こちらも好評を博した。

ジャンルドラマが再び隆盛
ドラマはチーム戦の時代へ～2000年代

2000年代に入っても「HERO」「相棒」「白い巨塔」など、作品の完成度を伴った人気作・話題作が次々と生まれた。確かに脚本家の作家性が前面に出た作品は少なくなったかもしれないし、刑事もの、医療もの、職業もの、ミステリーものといったジャンルごとにヒット作が積み重ねられていくような状況ではあるが、考えてみればこれは70年代以前の作り方に戻っただけと言えなくもない。当時もドラマはチーム戦で、作家性を問われるものではなかった。

ランクイン作品も13作と、前後の年代に比べると少ない。作品タイトルも、「TRICK」「ガリレオ」のような事件もの、「JIN－仁－」「篤姫」「坂の上の雲」のような時代もの、「ハゲタカ」のような社会派サスペンスと、いわゆるジャンルものが多い中、現代もののヒューマンドラマでランクインしているのが「結婚できない男」と「僕の生きる道」の関西テレビ制作の2作というのが面白い。しかもこの2作は原作のないオリジナル。準キー局の方がこうした企画を実現する自由度がまだあったということかもしれない。

赤穂浪士

Best 95 【2票】

1964年　NHK

現在まで続く「大河ドラマ」の原型となった作品 各界からスターが集結して作られた

Staff & Cast

原作：大佛次郎
脚本：村上元三
演出：井上博ほか
音楽：芥川也寸志
ナレーション：竹内三郎
出演：長谷川一夫
志村喬　中村芝鶴
中村嘉葎雄（当時中村賀津雄）
滝沢修ほか

第2作目のＮＨＫ大河ドラマは、有名な赤穂浪士の討ち入りを描いた。原作は大佛次郎の同名小説で、大石内蔵助を中心に、四十七士の人間模様を描いた。

映画スターだった長谷川一夫がテレビに初出演したことも話題を集めたが、映画界のみならず、歌舞伎、新劇等、各界の看板スターが集結した。前年に「高校三年生」でデビューしたばかりのアイドルだった舟木一夫も出演している。今でも「忠臣蔵」といえばこれを思い浮かべる人も多い芥川也寸志作曲の重厚なテーマ音楽も注目を集めた。現在まで続く「大河ドラマ」の原型となった作品と言える。大河ドラマ史上最高の53％の視聴率を記録した。

泣いてたまるか

Best 95 【2票】

1966年　TBS

毎回脚本家が代わる異色の一話完結連作ドラマ 国民的映画シリーズの原点がここにある

Staff & Cast

脚本：野村芳太郎
山田洋次ほか
演出：中川晴之助ほか
出演：渥美清　青島幸男
中村嘉葎雄（当時中村賀津雄）ほか

寅さんで有名な「男はつらいよ」の原点となった作品。基本は渥美清主演だが、青島幸男、中村嘉葎雄の３人が交代で主演を務めた。監督、脚本家も毎回代わる異色の一話完結の連作ドラマである。

共通テーマの「泣いてたまるか」は、高度成長期の日本で歯を食いしばって頑張る男の物語というもの。主役の役柄も寅さん風のアウトローな役もあれば、平凡なサラリーマンの役もあった。

最終回のタイトルは「男はつらい」で、脚本は山田洋次が担当した。それがその後のテレビドラマ「男はつらいよ」へと発展し、大ヒット映画シリーズへとつながっていった。

氷点

Best 95 【2票】

1966年　NET

人間の原罪をテーマに愛することの哀しさと恐ろしさを描いた一千万円懸賞小説のドラマ化

Staff & Cast

原作：三浦綾子
脚本：楠田芳子
音楽：山本直純
ナレーション：芥川比呂志
出演：新珠三千代
内藤洋子　芦田伸介
市原悦子　田村高廣
北村和夫ほか

朝日新聞の一千万円懸賞小説に入選した三浦綾子の『氷点』を楠田芳子が脚色しドラマ化された。

ある病院長（芦田伸介）の妻・夏枝（新珠三千代）が病院の医師と密会している間に、幼い娘が誘拐され殺害されると言う事件が起きる。これが発端で愛と憎しみの葛藤が生まれ、ついには夏枝が養女・陽子（内藤洋子）を自殺にまで追い込んでしまうという物語。人間の原罪をテーマに、愛することの哀しさと恐ろしさを描いたドラマで、最終回の視聴率は42・7％を記録した。

その後、映画化も含め合計9回映像化されたほか、韓国や台湾でもリメイクされている。

気になる嫁さん

Best 95 【2票】

1971年　日本テレビ

古き良き昭和の香りがただようコメディーさわやかな人情味あふれるホームドラマ

Staff & Cast

脚本：松木ひろしほか
演出：千野皓司ほか
音楽：大野雄二
出演：石立鉄男
榊原るみ　佐野周二
富士眞奈美　山田吾一
浦辺粂子ほか

清水家は父親（佐野周二）以下、長男夫婦、長女、次男、三男、四男、ばあやの大家族。そこにアメリカ留学中の末っ子・純の婚約者・坪内めぐみ（榊原るみ）が同居することになる。だが、純は留学先で死んでしまう。両親のいないめぐみは、そのまま清水家に同居することに。清水家の男兄弟は全員めぐみが気になっている。

70年代に一世を風靡した、石立鉄男のホームコメディーの1本。お嫁さん役の榊原るみは当時アイドル的な人気があり、かわいいお嫁さんを演じている。

脚本は、「雑居時代」や「パパと呼ばないで」などで石立とタッグを組む松木ひろしらが担当。

雑居時代

Best 95【2票】

1973年　日本テレビ

石立鉄男ホームコメディーシリーズ第4弾
女性上位の家で送るおかしな同居生活

Staff & Cast

脚本：松木ひろしほか
演出：千野皓司ほか
音楽：大野雄二
出演：石立鉄男
大坂志郎　富士眞奈美
大原麗子　川口晶
山口いづみ　杉田かおるほか

石立鉄男主演のホームコメディーシリーズで、71年放送の第1作「おひかえあそばせ」のリメイクである。石立のホームコメディーシリーズは、71年の「気になる嫁さん」、72年の「パパと呼ばないで」に続いて本作が4作目となる。

　男やもめの中年のサラリーマン・栗山（大坂志郎）は、友人・大場から家を譲ってもらい、娘ばかり5人いる完全に女性上位の家で暮らしている。そこに大場の息子で貧しいカメラマンの十一（石立）が同居することになった……。

　アフロヘアで甲高い早口が特長の石立主演による、ユニオン映画制作のシリーズは、今も根強いファンが多い。

新八犬伝

Best 95【2票】

1973年　NHK

いざとなったら珠をだせ！
子どもたちから絶大な人気を集めた連続人形劇

Staff & Cast

原作：曲亭馬琴
脚本：石山徹
人形：辻村ジュサブロー
語り：坂本九

曲亭馬琴の読本『南総里見八犬伝』をベースに作られた連続人形劇。73年より2年間にわたって放送された。

　舞台は500年以上前。「仁・義・礼・智・忠・信・孝・悌」の8つの珠を持つ八犬士が、「玉梓（たまずさ）が怨霊」やさまざまな妖怪を相手に戦いを繰り広げる奇想天外な物語。毎日夕方6時半から放送され、当時の子どもたちから絶大な支持を集めた。

　人形の製作は人形師・辻村ジュサブローの手によるもの。文楽を思わせるような作りの人形も、テレビの人形劇ではあまり見ないものだった。坂本九による語りも印象的だった。

どてらい男《やつ》

Best 95 【2票】

1973年　関西テレビ

花登筐が描く立身出世物語が大ヒット ド根性と型破りな行動に人気が集まった

Staff & Cast

原作：花登筐
脚本：花登筐ほか
主題歌：西郷輝彦
「どてらい男」
出演：西郷輝彦　田村亮
大村崑　中村メイコ
由美かおるほか

関西テレビ開局15周年を記念して制作された〝根性もの〟ドラマの決定版。花登筐が立志伝中の人物をモデルに書き下ろした小説「どてらい男」をもとに脚色した。主演は歌手として人気絶頂だった西郷輝彦が務めた。

　西郷演じる〝モーやん〟こと猛造が、不屈の商魂と人がやらないことをやるアイデア商法で成功する立身出世物語。主人公は逆境にもめそめそしない、やられたらやり返す攻撃型のバイタリティーあふれるキャラクター。

　ド根性と型破りな行動が視聴者の拍手喝采を集めて人気ドラマとなりシリーズ化、3年半にわたって放送された。

われら青春！

Best 95 【2票】

1974年　日本テレビ

涙は心の汗だ！帰らざる青春の日々 先生と生徒のふれあいがここにある

Staff & Cast

脚本：鎌田敏夫ほか
演出：高瀬昌弘　土屋統五郎
プロデューサー：岡田晋吉ほか
主題歌：いずみたくシンガーズ
「帰らざる日のために」
挿入歌：中村雅俊「ふれあい」
出演：中村雅俊　島田陽子
穂積隆信　柳生博
有島一郎　保積ぺぺほか

失敗もすれば失恋もする中村雅俊演じる新米教師・沖田俊が、ラグビーを通して落ちこぼれの生徒たちに情熱を吹き込んでいく青春ドラマ。中村はこの作品がドラマ初主演作となる。

　65年放送「青春とはなんだ」から続く青春学園シリーズの最終作。舞台は前作「飛び出せ！青春」と同じ太陽学園。校長役の有島一郎や、教頭役の穂積隆信、生徒役の保積ぺぺなど、前作から引き続きの出演者も多い。

　いずみたくシンガーズが歌ったテーマ曲「帰らざる日のために」と、中村が劇中で歌った「ふれあい」がともに大ヒット。以後、中村は歌手としても人気を集めた。

気まぐれ天使

Best 95 【2票】

1976年　日本テレビ

今もファンが多い石立鉄男の主演作
ほのぼのとした笑いと涙の隠れた名作

Staff & Cast

脚本：松木ひろしほか
演出：斎藤光正ほか
音楽：大野雄二
主題歌：小坂忠＆ウルトラ「気まぐれ天使」
出演：石立鉄男　大原麗子
酒井和歌子　森田健作
樹木希林（当時悠木千帆）
秋野暢子　坪田直子ほか

根強い人気を集める石立鉄男×ユニオン映画シリーズのホームコメディーシリーズ第6弾。

女性下着メーカー宣伝部に勤める忍（石立）は、童話作家になりたいという夢を持つサラリーマン。ある日、街で老女（樹木希林）を助ける。ところが京都に帰ったはずの老女が、なぜか忍の下宿に来てしまう……。

ほのぼのとした、古き良き昭和のコメディーで、数ある石立ドラマの中でも、隠れた名作との声も多い。

オープニング曲を現在ゴスペル・シンガーでもあるシンガー・ソング・ライターの小坂忠が歌っているところも見逃せない。

さくらの唄

Best 95 【2票】

1976年　TBS

「水曜劇場」には珍しい山田太一作品
下町に暮らすある家族の物語

Staff & Cast

脚本：山田太一
演出：久世光彦ほか
プロデューサー：久世光彦ほか
出演：若山富三郎　加藤治子
樹木希林（当時悠木千帆）
桃井かおり　美輪明宏ほか

「時間ですよ」や「寺内貫太郎一家」で知られる久世光彦演出・プロデュースによるＴＢＳ「水曜劇場」で、山田太一が脚本を手がけた異色作。

東京・下町の蔵前で整骨院を開業する伝六（若山富三郎）と妻・泉（加藤治子）の夫婦がいた。泉は心臓を患っている。夫婦を悩ませているのは、２人の娘（樹木希林、桃井かおり）の行く末であった……。

樹木希林も「寺内貫太郎一家」とは全く違う役柄で、それまでの久世光彦演出の「水曜劇場」とは印象が違う作品に仕上がっている。挿入歌は、美空ひばりが歌う「さくらの唄」である。

茜さんのお弁当

Best 95【2票】

1981年　TBS

仕出し弁当屋でツッパリが働く非行少年が更生していく物語

Staff & Cast

脚本：金子成人
演出：竹之下寛次ほか
プロデューサー：堀川とんこう
音楽：大谷和夫
主題歌：Johnny
「ジェームス・ディーンのように」
出演：八千草薫　川谷拓三
長山藍子　MIE　古尾谷雅人
嶋大輔　杉本哲太ほか

茜（八千草薫）が経営する仕出し弁当屋「あかね弁当」が舞台のドラマ。従業員が引き抜き等で突然辞めてしまい、元ツッパリの従業員・渉（古尾谷雅人）が、少年院で知り合ったツッパリ４人を連れてくる。働くことになった彼らがさまざまな騒動を巻き起こすというストーリーで、非行少年が更生していく物語である。

杉本哲太、嶋大輔の連続ドラマデビュー作で、当時人気絶頂のＴ・Ｃ・Ｒ横浜銀蝿Ｒ・Ｓも出演していた。

ツッパリブームに乗って、横浜銀蝿のＪｏｈｎｎｙが歌った主題歌「ジェームス・ディーンのように」もヒットした。

面白いドラマは必ず発見される時代　新たな試みから生まれる新しい波～2010年代

２０１０年代に入るとまた少し様相が変わる。開始時間変更による朝ドラの復権（10年代だけで5作品がランクインしている）などを機に、打席に立つ機会が増えた岡田恵和、坂元裕二、大石静、遊川和彦など、実力派のベテラン脚本家がオリジナルのヒット作を続々飛ばしている一方、宮藤官九郎、野木亜紀子、古沢良太、大森美香といった新鮮な顔ぶれが新風を吹き込んだ。もちろん、事件もの、医療もの、サラリーマンものといったジャンルの作品をチーム力で作っていくというスタイルが主流ではあるのだが、一方で新たな試みも増え、変化の兆しが感じられる。スタッフ陣、特にプロデューサーに女性が増えていることも変化の一つだ。

「あまちゃん」「いだてん」「半沢直樹」「逃げるは恥だが役に立つ」「カーネーション」「カルテット」「孤独のグルメ」といったヒット作は、すべてSNSによる拡散がヒット要因の一つとなっている。これは裏を返せば、面白いものは必ず発見される時代になったのだということでもある。深夜枠やネット連動などから生まれる新しい波に期待したい。

想い出にかわるまで

Best
95
【2票】

1990年　TBS

ジェットコースタードラマの元祖
ストーリー重視の本格派ラブストーリー

Staff & Cast

脚本：内館牧子ほか
演出：大岡進　森山亨　遠藤環
プロデューサー：遠藤環
主題歌：ダイアナ・ロス
「If We Hold On Together」
出演：今井美樹　石田純一
財津和夫　松下由樹
大沢樹生　高樹沙耶ほか

結婚に悩む女性の姿〝マリッジ・ブルー〟を描いたドラマ。婚約、婚約破棄、新しい恋人の出現、元婚約者と実の妹が結婚……といったストーリーの急展開がこのドラマの面白さで、ジェットコースタードラマとも呼ばれた。

ある意味、恋愛トレンディードラマに対する強烈なアンチテーゼのような戦略的な作品であり、「金曜ドラマ」のエポックメイクドラマと言える。バブル期の時代感と、ドロドロ恋愛ドラマの衣をまといつつも、ストーリー重視の本格派ラブストーリードラマという作りであった。

ダイアナ・ロスの歌う主題歌も印象に残る作品。

愛という名のもとに

Best
95
【2票】

1992年　フジテレビ

浜田省吾の楽曲が効果的に使われた、
友情と恋愛、人生の苦悩を描いた青春ドラマ

Staff & Cast

脚本：野島伸司
演出：永山耕三ほか
主題歌：浜田省吾
「悲しみは雪のように」
出演：鈴木保奈美
唐沢寿明　江口洋介
洞口依子　石橋保
中島宏海　中野英雄ほか

野島伸司脚本作品。大学時代に同じボート部で過ごした男女7人の仲間たちが、卒業後、社会人3年目に再会した。自分の理想と社会の軋轢で悩みつつ友情を確認していく物語である。

鈴木保奈美、江口洋介、唐沢寿明ら主演の7人は、みな好演で、また脇役陣も充実していた。

主題歌は浜田省吾の「悲しみは雪のように」だが、主題歌以外でもドラマ内で浜田省吾の楽曲が多数使用され、ドラマの世界観を作り上げていた。また、岡林信康の「友よ」と「私たちの望むものは」も印象的に使用された。

最終回の視聴率は32・6％を記録した。

沙粧妙子ー最後の事件ー

Best 95 【2票】

1995年　フジテレビ

サイコサスペンスドラマの嚆矢
飯田譲治によるオリジナル脚本作品

Staff & Cast

脚本：飯田譲二
演出：河毛俊作
田島大輔　落合正幸
音楽：岩代太郎
出演：浅野温子　柳葉敏郎
飯島直子　黒谷友香
山本學　蟹江敬三
香取慎吾　国生さゆり
升毅　佐野史郎ほか

飯田譲治脚本によるオリジナルドラマ。社会的にも注目されていた犯罪心理プロファイリングを行う女性刑事を浅野温子が演じ、連続殺人事の捜査の様子を描いた。平成のドラマのトレンドの一つとなっているサイコサスペンスドラマの嚆矢とも言える作品で、以降のドラマやアニメに大きな影響を与えた作品。

出演者は柳葉敏郎、佐野史郎などのほか、犯人役として香取慎吾らが出演したことも注目された。升毅もこの作品で一気にブレイクを果たした。

97年には続編スペシャルドラマとして「沙粧妙子ー帰還の挨拶ー」が放送された。

ショムニ

Best 95 【2票】

1998年　フジテレビ

普通のＯＬもこんなにかっこよくなれる
働く女性たちの支持を集めたオフィスコメディー

Staff & Cast

原作：安田弘之
脚本：高橋留美　橋本裕志ほか
演出：鈴木雅之ほか
プロデュース：船津浩一
音楽：大島ミチル
出演：江角マキコ　宝生舞
京野ことみ　櫻井淳子
戸田恵子　高橋由美子ほか

制服姿のＯＬたちが主人公の、20世紀末を代表するオフィスコメディーで、江角マキコの代表作。バリバリ働くキャリアウーマンは確かにかっこいい。でも制服姿の一般事務職ＯＬだってこんなにかっこいいんだというメッセージが、当時の多くの働く女性たちの支持を集めた。

主人公・坪井千夏（江角）の姉御肌に、江角自身のキャラクターともあいまって共感が集まったほか、適材適所とも言える配役だった宝生舞、京野ことみ、櫻井淳子、戸田恵子、高橋由美子らショムニチームの絶妙なコンビネーションと彼女らの活躍に、視聴者は毎週溜飲を下げた。

風林火山

Best 95 【2票】

2007年　NHK

個性的な配役の顔ぶれも注目を集めた
山本勘助の生涯を描いた大河ドラマ

Staff & Cast

原作：井上靖
脚本：大森寿美男
演出：清水一彦ほか
音楽：千住明
語り：加賀美幸子
出演：内野聖陽
市川猿之助（当時市川亀治郎）
Ｇａｃｋｔ　柴本幸　仲代達矢
谷原章介　佐々木蔵之介
貫地谷しほりほか

ＮＨＫ大河ドラマ第46作。武田信玄の天下取りに夢を賭けた軍師として知られる歴史的人物・山本勘助の生涯を描いた井上靖の同名小説をドラマ化した。井上は生誕百周年という記念の年であった。脚本は大森寿美男。

主演の山本勘助役には内野聖陽。武田信玄を演じたのは、歌舞伎役者の市川猿之助（当時 市川亀治郎）、上杉謙信にはミュージシャンのＧａｃｋｔを起用するなど、異色の配役でも注目を集めた。

戦国の世を懸命に生きた人々の姿を描いたドラマで、勘助の生涯を若き日の放浪時代から、戦国最大の激戦である川中島の戦いに散るまでを描いた。

八重の桜

Best 95 【2票】

2013年　NHK

幕末のジャンヌ・ダルクにしてハンサムウーマン
「ならぬものはならぬ」が印象的な大河ドラマ

Staff & Cast

脚本：山本むつみ
演出：加藤拓ほか
語り：草笛光子
出演：綾瀬はるか
西島秀俊　長谷川博己
オダギリジョー　風吹ジュン
松重豊　長谷川京子　綾野剛
小栗旬　剛力彩芽ほか

ＮＨＫ大河ドラマ第52作。幕末〜明治の時代に、会津戦争で自ら銃を手に戦い〝幕末のジャンヌ・ダルク〟とも称された新島襄の妻・八重の、波瀾万丈の物語。八重は幼少期から「ならぬものはならぬ」という強い教えのもと、会津の女として育っていく。

主役の八重を綾瀬はるかが演じ、八重の夫・新島襄をオダギリジョーが演じた。男女平等を望む八重は、夫を「ジョー」と呼び、世間の目は全く気にしない。そんな八重を襄は「ハンサムウーマン」と称した。

脚本は連続テレビ小説「ゲゲゲの女房」で注目を集めた、山本むつみが担当した。

マッサン

Best 95 【2票】

2014年　NHK

国産ウイスキー誕生に情熱を注いだ日本人と英国人夫婦の感動の物語

Staff & Cast

脚本：羽原大介
演出：野田雄介ほか
主題歌：中島みゆき「麦の唄」
ナレーション：松岡洋子
出演：玉山鉄二
シャーロット・ケイト・フォックス
泉ピン子　堤真一　相武紗季
濱田マリ　前田吟
西川きよし　風間杜夫ほか

　ニッカウヰスキー創業者である竹鶴正孝と、留学先で出会ったスコットランド人の妻リタをモデルにした連続テレビ小説。

　国産ウイスキー誕生を支えた夫婦の奮闘を、玉山鉄二と、アメリカで舞台や映画を中心に活動していたシャーロット・ケイト・フォックスの主演で描いた。朝ドラヒロインに外国人が起用されるのは初めてのことだ。

　ドラマが放送されてからその影響からか、ニッカウヰスキーの「竹鶴」をはじめとするウイスキーが売り上げを伸ばし、一時生産が追い付かないという現象が起きた。中島みゆきが歌う「麦の唄」もヒット、紅白歌合戦に出場した。

あさが来た

Best 95 【2票】

2015年　NHK

明治を駆け抜けた実業家・広岡浅子の「びっくりぽん」な一代記が高視聴率を記録

Staff & Cast

原案：古川智映子
脚本：大森美香
演出：西谷真一ほか
主題歌：AKB48
「365日の紙飛行機」
出演：波瑠　玉木宏
寺島しのぶ　宮﨑あおい
近藤正臣　風吹ジュン
柄本佑　ディーン・フジオカほか

　明治という激動の時代を明るく駆け抜けた実業家・広岡浅子をモデルに描いた連続テレビ小説。

　京都の豪商・今井家に生まれ、大阪の両替店・加野屋に嫁いだあさ（波瑠）は、実業家としての才能を見込まれ、幕末を経た後に炭鉱開発、銀行設立、日本初の女子大学設立、生命保険業への進出と次々と新事業に挑んでいく。幕末という連続テレビ小説では最も古い時代から始まるドラマだった。

　「びっくりぽん」の流行語も生まれたほか、五代友厚を演じたディーン・フジオカもブレイクした。脚本は大森美香、主題歌はAKB48の「365日の紙飛行機」で、これも大ヒットとなった。

ゆとりですがなにか

Best
95
【2票】

2016年　日本テレビ系

人生の岐路を迎えた“ゆとり第一世代”を宮藤官九郎が描いた社会派群像ドラマ

Staff & Cast

脚本：宮藤官九郎
演出：水田伸生
相沢淳　鈴木勇馬
チーフプロデューサー：伊藤響
プロデューサー：
枝見洋子　茂山佳則
音楽：平野義久
主題歌：感覚ピエロ
「拝啓、いつかの君へ」
出演：岡田将生　松坂桃李
柳楽優弥　安藤サクラ
中田喜子　吉田鋼太郎ほか

87年生まれ、29歳になった〝ゆとり第一世代〟。アラサーという人生の岐路を迎えた男3人を岡田将生、松坂桃李、柳楽優弥が演じた。

競争社会の荒波に揉まれながら、人生を見つめ直していくヒューマンドラマである。ゆとり世代の悩みや苦しみを、宮藤官九郎が描いた。

宮藤は本作で社会派群像ドラマという新境地を開いたとして、平成28年度芸術選奨文部科学大臣賞放送部門を受賞した。

17年には30歳になった3人のその後を描いたスペシャルドラマ「ゆとりですがなにか　純米吟醸純情編」が放送されたほか、スピンオフドラマも制作された。

アシガール

Best
95
【2票】

2017年　NHK

アシガールが戦国時代を揺るがしていく奇想天外なエンターテインメント時代劇

Staff & Cast

原作：森本梢子
脚本：宮村優子
音楽：冬野ユミ
演出：中島由貴
伊勢田雅也　鹿島悠
制作統括：内田ゆき
出演：黒島結菜
伊藤健太郎（当時健太郎）
松下優也　ともさかりえ
川栄李奈ほか

脚力だけがとりえの女子高生・速川唯（黒島結菜）が戦国時代にタイムスリップ。愛しい若君を守るため、足軽となって駆けまわるエンターテインメント時代劇。

原作は「ごくせん」「デカワンコ」などで知られる森本梢子の戦国時代を舞台にしたSFファンタジーコミック。脚本は「花燃ゆ」や「慶次郎縁側日記」などを手がけた宮村優子が担当した。黒島と伊藤健太郎が、見事に「アシガール」の世界観を作り上げ、切ないラブストーリーとなって多くの視聴者の心をつかんだ。

18年には続編として特集ドラマ「アシガールSP～超時空ラブコメ再び～」が放送された。

ノーサイド・ゲーム

Best 95 【2票】

2019年　TBS系

左遷された男が低迷するラグビー部を再建
大泉洋×池井戸潤で送る男たちのドラマ

Staff & Cast

原作：池井戸潤
脚本：丑尾健太郎
演出：福澤克雄
田中健太　平野俊一
プロデューサー：伊與田英徳ほか
音楽：服部隆之
主題歌：米津玄師「馬と鹿」
出演：大泉洋　松たか子
西郷輝彦　大谷亮平
上川隆也ほか

池井戸潤が書き下ろした同名の新作小説を「日曜劇場」でドラマ化。大手自動車メーカー「トキワ自動車」で左遷された総務部長・君嶋隼人（大泉洋）が低迷するラグビーチーム「アストロズ」を再建していく物語。折しも日本でラグビーワールドカップが開催される直前の放送となった。

池井戸原作の「日曜劇場」は、13年「半沢直樹」、14年「ルーズヴェルト・ゲーム」、15年「下町ロケット」、17年「陸王」、18年「下町ロケット」と続き、本作は6作目となる。

主題歌は米津玄師の「馬と鹿」で、ドラマ内でもたびたび効果的に使用された。

配信サービスと競合しながら強みを発揮
コロナ以降の新ドラマに期待～2020年代以降

20年代以降のテレビドラマを考える時、動画配信サービスの存在を抜きにしては語れない。各社が競うようにオリジナルドラマを制作し、「全裸監督」などのヒット作も生まれている。キャスト、スタッフ、予算など、テレビドラマと遜色がないどころかそれ以上のスケールの作品が続々と生み出されているのが現状である。ではそんな時代にテレビドラマが果たす役割は何かといえば、やはりより多くの人々が手軽に見られるというテレビの利点を生かした作品作りと、編成力によるブランディングではないか。TBS火曜10時枠や日テレ日曜10時半枠などは、時間枠に期待を持ってもらうことで成功している。テレビにしかできないアプローチだ。

そしてもう一つ、新型コロナの影響で変化した生活にどう寄り添うか。バブル崩壊や東日本大震災など、大きな社会の動きはその後のテレビドラマに確実に影響を与えてきた。近い将来、コロナ以降を生きていく人々の気持ちに寄り添うドラマがきっと生まれてくるに違いない。今後のテレビドラマがどんな傑作を届けてくれるか、楽しみだ。

1991年版
「オールタイムドラマベスト100」

ＴＶガイド」1991年10月18日号で「創刊1500号記念特大号」記念企画として行った「ドラマオールタイムベスト100」のランキングである。脚本家だけでなく、演出家やプロデューサーにもアンケートを実施、約90人の回答を得た。質問は今回と同じく「今まで放送されたすべてのドラマの中から、あなたの記憶の残っているドラマを10本挙げてください」。当時の上位作品の多くが今回もランクインしていることがわかる。それにしても有効投票の約1/3を集めた「岸辺のアルバム」の強さは凄い。

順位	票数	タイトル	局	年	脚本	演出
1位	30票	岸辺のアルバム	TBS	1977	山田太一	鴨下信一ほか
2位	21票	北の国から	フジ	1981	倉本聰	杉田成道ほか
3位	17票	夢千代日記	NHK	1981	早坂暁	深町幸男ほか
4位	16票	私は貝になりたい	KRT	1958	橋本忍	岡本愛彦
5位	15票	傷だらけの天使	NTV	1974	市川森一ほか	恩地日出夫ほか
6位	12票	おしん	NHK	1983	橋田壽賀子	江口浩之ほか
7位	11票	時間ですよ	TBS	1970	橋田壽賀子ほか	久世光彦ほか
		男たちの旅路	NHK	1976	山田太一	中村克史ほか
		あ・うん	NHK	1980	向田邦子	深町幸男ほか
10位	10票	七人の刑事	TBS	1961	砂田量爾ほか	今野勉ほか
		淋しいのはお前だけじゃない	TBS	1982	市川森一	高橋一郎ほか
		ふぞろいの林檎たち	TBS	1983	山田太一	鴨下信一ほか
13位	9票	三匹の侍	フジ	1963	柴英三郎ほか	五社英雄ほか
		若者たち	フジ	1966	山内久ほか	森川時久ほか
		天下御免	NHK	1971	早坂暁ほか	岡崎栄ほか
		四季・ユートピアノ	NHK	1980	佐々木昭一郎	佐々木昭一郎
17位	8票	寺内貫太郎一家	TBS	1974	向田邦子ほか	久世光彦ほか
		前略おふくろ様	NTV	1975	倉本聰ほか	田中知己ほか
		雲のじゅうたん	NHK	1976	田向正健	北嶋隆ほか
		想い出づくり。	TBS	1981	山田太一	鴨下信一ほか

順位（票数）	タイトル	局	年
81位（2票）	追跡	NHK	1955
	どたんば	NHK	1956
	いろはにほへと	KRT	1959
	快傑ハリマオ	NTV	1960
	傷痕	NET	1960
	青春の深き淵より	KTV	1960
	恐怖のミイラ	NTV	1961
	隠密剣士	TBS	1962
	花の生涯	NHK	1963
	ザ・ガードマン	TBS	1965
	太閤記	NHK	1965
	ウルトラQ	TBS	1966
	おはなはん	NHK	1966
	泣いてたまるか	TBS	1966
	仮面の忍者・赤影	KTV	1967
	３人家族	TBS	1968
	サインはV	TBS	1969
	プレイガール	東京12	1969
	水戸黄門	TBS	1969
	気になる嫁さん	NTV	1971
	新・平家物語	NHK	1972
	タイム・トラベラー	NHK	1972
	冬物語	NTV	1972
	国盗り物語	NHK	1973
	子連れ狼	NTV	1973
	ジキルとハイド	フジ	1973
	天下堂々	NHK	1973
	三男三女婿一匹	TBS	1976
	横溝正史シリーズ	MBS	1977
	極楽家族	NHK	1978
	大追跡	NTV	1978
	熱中時代	NTV	1978
	夫婦	NHK	1978
	家路―ママ・ドント・クライ	TBS	1979
	俺たちは天使だ！	NTV	1979
	たとえば、愛	TBS	1979
	ちょっとマイウェイ	NTV	1979
	マー姉ちゃん	NHK	1979
	空白の900分	NHK	1980
	川の流れはバイオリンの音	NHK	1981
	ダウンタウン物語	NTV	1981
	マリコ	NHK	1981
	けものみち	NHK	1982
	青が散る	TBS	1983
	かけおち'83	NHK	1983
	家族ゲーム	TBS	1983
	金曜日の妻たちへ	TBS	1983
	野のきよら山のきよらに光さす	NHK	1983
	昨日、悲別で	NTV	1984
	山河燃ゆ	NHK	1984
	無邪気な関係	TBS	1984
	破獄	NHK	1985
	澪つくし	NHK	1985
	いのち	NHK	1986
	匂いガラス	NHK	1986
	独眼竜政宗	NHK	1987
	抱きしめたい！	フジ	1988
	武田信玄	NHK	1988
	とんぼ	TBS	1988
	愛しあってるかい！	フジ	1989
	夢帰行	NHK	1990

順位（票数）	タイトル	局	年
21位（7票）	お荷物小荷物	ABC	197
	事件	NHK	197
	東京ラブストーリー	フジ	199
24位（6票）	日本の日蝕	NHK	195
	ありがとう	TBS	197
	太陽にほえろ！	NTV	197
	必殺シリーズ	ABC	197
	獅子の時代	NHK	198
	日本の面影	NHK	198
30位（5票）	だいこんの花	NET	197
	それぞれの秋	TBS	197
	俺たちの旅	NTV	197
	阿修羅のごとく	NHK	197
	３年B組金八先生	TBS	197
	探偵物語	NTV	197
	港町純情シネマ	TBS	198
	安寿子の靴	NHK	198
	太平記	NHK	199
39位（4票）	事件記者	NHK	195
	マンモスタワー	KRT	195
	判決	NET	196
	氷点	NET	196
	キイハンター	TBS	196
	となりの芝生	NHK	197
	冬の桃	NHK	197
	橋の上においでよ	NHK	198
	101回目のプロポーズ	フジ	199
48位（3票）	てなもんや三度笠	ABC	196
	男嫌い	NTV	196
	青春とはなんだ	NTV	196
	ウルトラマン	TBS	196
	ウルトラセブン	TBS	196
	樅ノ木は残った	NHK	197
	２丁目３番地	NTV	197
	木枯し紋次郎	フジ	197
	６羽のかもめ	フジ	197
	黄色い涙	NHK	197
	夢の島少女	NHK	197
	Gメン'75	TBS	197
	うちのホンカン	TBS	197
	冬の運動会	TBS	197
	黄金の日日	NHK	197
	波―わが愛	TBS	197
	ゆうひが丘の総理大臣	NTV	197
	戦後最大の誘拐・吉展ちゃん事件	テレ朝	197
	池中玄太80キロ	NTV	198
	ザ・商社	NHK	198
	ながらえば	NHK	198
	仮の宿なるを	YTV	198
	スチュワーデス物語	TBS	198
	早春スケッチブック	フジ	198
	國語元年	NHK	198
	花へんろ　風の昭和日記	NHK	198
	恋人たちのいた場所	TBS	198
	男女7人夏物語	TBS	198
	今朝の秋	NHK	198
	男女7人秋物語	TBS	198
	君が嘘をついた	フジ	198
	翼をください	NHK	198
	翔ぶが如く	NHK	199

視聴率から見た
テレビドラマランキング

ここでは視聴率からテレビドラマを見てみよう。今回は1977年以降2020年8月現在までの歴代ドラマ視聴率ベスト50を掲載した。ＮＨＫの連続テレビ小説と大河ドラマが圧倒的な強さで上位を独占した（ほとんどが80年代以前の作品である）。民放のドラマの最高位は16位の「積木くずし」。そこから「水戸黄門」「女たちの忠臣蔵」「半沢直樹」「ビューティフルライフ」と上位5本はすべてＴＢＳである。そして36位に「熱中時代」「太陽にほえろ！」「家政婦のミタ」と日本テレビのドラマが3本並ぶ。ここまでが40%超えである。フジテレビの最高位は「北の国から2002 遺言・前編」の43位。

歴代ドラマ視聴率ベスト50

対象番組：1977/9/26 ～ 2020/8/23 に放送された15分以上の番組（同一局同一名の番組があった場合は高位番組のみ掲載）

順位	番組名	放送局	放送日	放送曜日	放送開始	放送分数	世帯視聴率（%）
1	おしん	NHK総合	1983/11/12	土	08：15	15	62.9
2	澪つくし・最終回	NHK総合	1985/10/05	土	08：15	15	55.3
3	ノンちゃんの夢	NHK総合	1988/09/24	土	08：15	15	50.6
4	おていちゃん	NHK総合	1978/09/11	月	08：15	15	50.0
5	マー姉ちゃん	NHK総合	1979/09/25	火	08：15	15	49.9
6	はね駒	NHK総合	1986/08/30	土	08：15	15	49.7
7	武田信玄	NHK総合	1988/02/14	日	20：00	45	49.2
8	鮎のうた	NHK総合	1980/03/06	木	08：15	15	49.1
9	心はいつもラムネ色	NHK総合	1985/02/23	土	08：15	15	48.6
10	風見鶏	NHK総合	1977/10/04	火	08：15	15	48.2

順位	番組名	放送局	放送日	放送曜日	放送開始	放送分数	世帯視聴率（%）
11	独眼竜政宗・最終回	NHK総合	1987/12/13	日	20：00	45	47.8
12	ロマンス	NHK総合	1984/04/10	火	08：15	15	47.3
13	チョッちゃん	NHK総合	1987/09/17	木	08：15	15	46.7
14	虹を織る	NHK総合	1981/02/17	火	08：15	15	45.7
15	おんなは度胸	NHK総合	1992/09/17	木	08：15	15	45.4
16	積木くずし・ 親と子の200日戦争・最終回	TBS	1983/03/29	火	20：00	54	45.3
17	なっちゃんの写真館	NHK総合	1980/09/11 1980/09/25	木	08：15	15	45.1
18	都の風	NHK総合	1987/01/31 1987/02/28	土	08：15	15	44.9
18	いちばん星	NHK総合	1977/09/10	土	08：15	15	44.9
18	ハイカラさん	NHK総合	1982/09/25	土	08：15	15	44.9
21	はっさい先生	NHK総合	1988/02/27	土	08：15	15	44.5
21	ええにょぼ	NHK総合	1993/09/04	土	08：15	15	44.5
23	青春家族	NHK総合	1989/09/02	土	08：15	15	44.2
24	純ちゃんの応援歌	NHK総合	1989/01/31	火	08：15	15	44.0
25	水戸黄門・最終回	TBS	1979/02/05	月	20：00	55	43.7
26	本日も晴天なり	NHK総合	1982/02/13	土	08：15	15	43.3
27	よーいドン	NHK総合	1983/02/24	木	08：15	15	43.1
28	ひらり	NHK総合	1993/01/23	土	08：15	15	42.9
29	日曜劇場 1200回記念・女たちの忠臣蔵	TBS	1979/12/09	日	21：05	170	42.6
30	まんさくの花	NHK総合	1981/04/16	木	08：15	15	42.4
31	日曜劇場・半沢直樹・最終回	TBS	2013/09/22	日	21：00	79	42.2
32	わたしは海	NHK総合	1978/10/19	木	08：15	15	42.1
33	京、ふたり	NHK総合	1991/01/19	土	08：15	15	41.6
34	日曜劇場・ ビューティフルライフ・最終回	TBS	2000/03/26	日	21：03	81	41.3
35	和っこの金メダル	NHK総合	1990/03/10	土	08：15	15	40.5
36	金曜劇場・熱中時代・最終回	日本テレビ	1979/03/30	金	21：00	54	40.0
36	太陽にほえろ！	日本テレビ	1979/07/20	金	20：00	54	40.0
36	家政婦のミタ・最終回	日本テレビ	2011/12/21	水	20：00	69	40.0
39	３年Ｂ組金八先生・最終回	TBS	1980/03/28	金	20：00	55	39.9
39	いちばん太鼓	NHK総合	1985/10/11	金	08：15	15	39.9
41	凛凛と	NHK総合	1990/09/05	水	08：15	15	39.5
42	春日局	NHK総合	1989/01/29	日	20：00	45	39.2
43	北の国から２００２遺言・前編	フジテレビ	2002/09/06	金	21：04	153	38.4
44	３時間ドラマ・熱い嵐	TBS	1979/02/26	月	21：02	173	38.0
45	ひとつ屋根の下	フジテレビ	1993/06/21	月	20：00	54	37.8
46	日曜劇場・ GOOD LUCK!!・最終回	TBS	2003/03/23	日	20：03	66	37.6
47	徳川家康	NHK総合	1983/01/30	日	20：00	45	37.4
47	秀吉	NHK総合	1996/03/10	日	20：00	45	37.4
49	赤い激流・最終回	TBS	1977/11/25	金	21：00	55	37.2
49	土曜グランド劇場・ 家なき子・最終回	日本テレビ	1994/07/02	土	20：00	54	37.2

※ビデオリサーチ調べ、関東地区、世帯視聴率　※ビデオリサーチの許諾を得て、当誌で編集

日本の朝は朝ドラで始まる!

2021年度放送予定の第104作「おかえりモネ」で60年目を迎えるNHK連続テレビ小説、通称〝朝ドラ〟。半世紀を超えてなお、視聴者の人気は衰えず、特に2010年以降は視聴率トップの座に君臨することも珍しくない。生き馬の目を抜くテレビ界の視聴率レースを60年もの間走り抜けてきた、朝ドラとは一体どんな番組と言えるのだろうか。

朝ドラの歴史を紐解くと、その記念すべき第1作は「娘と私」(61年)。人気作家・獅子文六の自伝的小説が原作だ。朝ドラが始まった当初は文芸路線だったが、それは50年代後半のラジオ放送で、毎朝5分間小説を朗読する番組が好評だったことに起因する。さしずめ朝刊を開いて新聞小説を読むように、毎朝ラジオをつけると小説が届けられるといったイメージが人々の間に浸透していたのだろう。その流れを引き継いだ形で、舞台をテレビに移して始まったのが朝ドラだった。

その後、朝ドラが誕生して6年目に放送された「おはなはん」(66年)で文芸路線から女性の一代記物語にシフトしたところ、社会現象になるほどの大人気となった。これを機に朝ドラは、基本的には女性を主人公に据えるが、その描き方は時代とともに変化していく。

昭和の時代は戦争経験者が多かったこともあり、「鳩子の海」(74年)に代表されるように、日中戦争、太平洋戦争がモチーフとなる作品も多かった。何度も戦争を乗り越えた「おしん」(83年)のテレビドラマ最高視聴率62.9%(ビデオリサーチ調べ)は、いまだ破られていない前人未到の記録だ。

平成に入ると、時代の流れとともに女性の描き方に変化が訪れ、自己実現のために奮闘する物語が作られるようになる。2000年代は一時視聴率が低迷するも、それまで49年間変わらなかった朝8時15分という開始時間を15分繰り上げ、朝8時スタートとした「ゲゲゲの女房」(2010年)から視聴率が回復。それ以来、「カーネーション」(2011年)「あまちゃん」(2013年)、などの話題作を連発し、常に視聴率は上位を記録している。スタート時間を繰り上げたことで視聴率が回復した理由は諸説ある。各局のワイドショーの放送開始時間を意識したせいとも言われているが、定かではない。

「おかえりモネ」は「あまちゃん」同様、東日本大震災をモチーフにした物語で、多くの人の関心を呼ぶのは想像に難くない。世界でも珍しい毎朝15分の長寿ドラマシリーズとして、日本人の生活に深く根付いている朝ドラ。コロナ渦を経て、この先どんな変化を見せていくのか注視したい。

娘と私

第1作　1961年4／3～1962年3／30

一人娘が成長し、結婚するまでを、作家の「私」(北沢彪)が回想でつづる。獅子文六の自伝的小説が原作で、ラジオドラマを映像化。基本、月～金曜日放送、1話20分だった。

あしたの風

第2作　1962年4／2～1963年3／30

壺井栄の複数の作品を基に構成。小豆島の安江(渡辺富美子)の家族を中心に、お互いを思いやる人々の善意が描かれる。月～土曜日8時15分開始の15分番組として定着。

あかつき

第3作　1963年4／1～1964年4／4

大学教授を退職後、素人画家の道に転じる正之助(佐分利信)と家族の幸福な愛情物語。武者小路実篤の家族系の小説を一つのドラマとしてまとめた作品で、本人も出演。

うず潮

第4作　1964年4／6～1965年4／3

極貧の少女時代を経て、人気作家として成功する林芙美子の生涯をたどる。主人公・フミ子役は林美智子。ヒロインに新人が初めて抜擢された。最初の大阪放送局制作作品。

たまゆら

第5作　1965年4／5～1966年4／2

川端康成の書き下ろし作品。退職した夫、妻、3人の娘たち、一家それぞれの生き方を丁寧に紡いでいく。主人公の直木良彦を演じた笠智衆は、初のテレビ出演だった。

おはなはん

第6作　1966年4／4～1967年4／1

ヒロインのはな（樫山文枝）が、夫との死別を乗り越えて明治～昭和の激動の時代を懸命に生き抜く。文芸調から転換、女性の一代記を確立した。林謙一原作、小野田勇脚本。

旅路

第7作　1967年4／3～1968年3／30

鉄道員の雄一郎（横内正）と妻・有里（日色ともゑ）を中心に、戦前戦後の時代の波に翻弄される人々を見つめ、平凡に生きることの幸福をうたいあげた。原作・脚本は平岩弓枝。

あしたこそ

第8作　1968年4／1～1969年4／5

初のカラー作品。行動力で人生の転機を乗り越える摂子（藤田弓子）の青春物語。橋田壽賀子の朝ドラ第1作で、原作は森村桂。戦後新世代の女性像をみずみずしく描いた。

信子とおばあちゃん

第9作　1969年4／7～1970年4／4

佐賀から上京した現代っ子の信子（大谷直子）が、明治生まれのおばあちゃん（毛利菊枝）と心の交流を育みながら、都会生活の中で成長していく姿をつづる。原作は獅子文六。

虹

第10作　1970年4／6～1971年4／3

病弱な夫と4人の子どもを抱えるかな子（南田洋子）が、明るさを失わず、戦中戦後と一家を支える。複雑な嫁姑関係も描かれ、主婦層の共感を呼んだ。脚本は田中澄江。

繭子ひとり

第11作　1971年4／5～1972年4／1

孤独に育った繭子（山口果林）が上京、自分を捨てた母を捜し歩く過程で、さまざまな人々と触れ合う。三浦哲郎の原作を高橋玄洋が脚色。黒柳徹子の家政婦役も話題に。

藍より青く

第12作　1972年4／3～1973年3／31

脚本は山田太一。戦争未亡人の真紀（真木洋子）が、一人息子の成長を糧に仲間とともに苦難を乗り越える。本田路津子が歌う挿入歌「耳をすましてごらん」もヒットした。

北の家族

第13作　1973年4／2～1974年3／30

異母姉の出現、父の失踪、兄の事業失敗など一家の逆境に立ち向かう志津（高橋洋子）の姿を通して、家族の再生を描く。試練続きの主人公が反響を呼んだ。脚本は楠田芳子。

鳩子の海

第14作　1974年4／1～1975年4／5

原爆のショックで記憶を失った孤児の鳩子（藤田美保子）が、出生の秘密を求めながら、戦後社会の荒波の中をたくましく生きる。少女時代を演じた斉藤こず恵が大人気に。

水色の時

第15作　1975年4／7～10／4

放送期間が半年間となった最初の作品。当時17歳の大竹しのぶをヒロイン・知子に抜擢。女医を目指す知子と看護師の母（香川京子）の母子関係を情感豊かに描いた。

おはようさん

第16作　1975年10／6～1976年4／3

11年ぶりの大阪放送局制作で、前期＝東京、後期＝大阪のサイクルが確立。秋野暢子演じる鮎子ら3人娘が大阪の街で共同生活を送る。田辺聖子の原作を、松田暢子が脚本化。

雲のじゅうたん

第17作　1976年4／5～10／2

大正期、鳥のように空を飛びたいという夢をかなえ、飛行士となった真琴。夢を実現するヒロイン像を浅茅陽子がはつらつと演じた。語りは田中絹代。脚本は田向正健。

火の国に

第18作　1976年10／4～1977年4／2

家業の造園師の道を歩むことを決意した香子（鈴鹿景子）が、阿蘇のレジャー施設の建設に奮闘する。脚本は石堂淑朗。渡辺美佐子の語りは、肥後椿の鉢植えという設定。

いちばん星

第19作　1977年4／4～10／1

昭和初期の流行歌手・佐藤千夜子の半生をつづる。主演の高瀬春奈が体調不良で降板し、ドラマデビューとなった五大路子が後を継いだ。原作は結城亮一、脚本は宮内婦貴子。

風見鶏

第20作　1977年10／3～1978年4／1

ドイツ人パン職人と結婚した、ぎん（新井春美）の波乱の生涯を、大正から昭和の時代背景とともに描く。神戸異人館ブームのきっかけとなった作品。脚本は杉山義法。

おていちゃん

第21作　1978年4／3～9／30

沢村貞子のエッセイを寺内小春が脚色。明治末～戦後の浅草を舞台に、友里千賀子演じる下町娘のてい子が芝居の世界へと足を踏み入れ、女優として成長していく。

わたしは海

第22作　1978年10／2～1979年3／31

保母となり、家族のいない孤児たちを育てたミヨが主人公の心温まる物語。主演はあいはら友子。脚本は岩間芳樹で、ミヨが誰と結ばれるか見えない展開が注目の的に。

マー姉ちゃん

第23作　1979年4／2～9／29

熊谷真実が演じた磯野マリ子は、長谷川町子の姉がモデル。三姉妹の長女として朗らかに一家を支え、漫画家となる妹・マチ子（田中裕子）を後押しする。脚本は小山内美江子。

鮎のうた

第24作　1979年10／1～1980年4／5

花登筐のオリジナル脚本。幼くして母に先立たれたあゆ（山咲千里）が、大阪船場の糸問屋での奉公を経て、女主人となるまでを描く。母親役の吉永小百合が回想で登場。

なっちゃんの写真館

第25作　1980年4／7〜10／4

寺内小春の朝ドラ第2作で、星野知子が演じたヒロインは、写真家・立木義浩の母がモデル。写真館の娘・夏子が、戦前〜戦後にかけカメラとともに生きた半生を爽快に描く。

虹を織る

第26作　1980年10／6〜1981年4／4

時代が暗い影を帯びていく昭和初期、宝塚歌劇団入団の夢を実現し、舞台に情熱を燃やす佳代（紺野美沙子）の青春を見つめる。新珠三千代ら宝塚関係者が多数出演。

まんさくの花

第27作　1981年4／6〜10／3

育ての父との絆を軸に、大人への階段を上る祐子（中村明美）の物語。現代が舞台の朝ドラは当時珍しかった。祐子の住み込み先の店主役に倍賞千恵子。脚本は高橋正圀。

本日も晴天なり

第28作　1981年10／5〜1982年4／3

小山内美江子の朝ドラ第2作。戦時下でNHKアナウンサーとなり、戦後はルポライターから作家へと転身する元子（原日出子）の半生の歩み。自立した女性像を描き出した。

ハイカラさん

第29作　1982年4／5〜10／2

明治時代の女性起業家を主人公にした、大藪郁子脚本作。米国留学から帰国した文（手塚理美）が、フロンティアスピリッツを胸に、外国人用リゾートホテル開発に乗り出す。

よーいドン

第30作　1982年10／4〜1983年4／2

昭和初期、実家の倒産でオリンピック出場の夢を断念した天才走者のみお（藤吉久美子）が、陸上で培った健やかな心と体で、新たな人生を駆け抜ける。脚本は杉山義法。

おしん

第31作　1983年4／4〜1984年3／31

テレビドラマ最高視聴率62.9%を打ち立てた、橋田壽賀子脚本作。小林綾子、田中裕子、乙羽信子がリレー形式で、明治〜昭和に至るヒロインおしんの激動の人生を演じた。

ロマンス

第32作　1984年4／2〜9／29

17年ぶりに男性が主人公の作品。明治末期の日本映画揺籃期に、北海道から上京した平七（榎木孝明）を中心に、活動写真に情熱をかけた人々を描く。脚本は田向正健。

心はいつもラムネ色

第33作　1984年10／1〜1985年3／30

上方漫才の父とうたわれる漫才作家・秋田實をモデルに、戦前戦後の庶民の生活史を見つめた作品。ユーモアと機知にあふれた主人公の文平役は新藤栄作。脚本は冨川元文。

澪つくし

第34作　1985年4／1〜10／5

「ロミオとジュリエット」をモチーフに、ジェームス三木が運命に翻弄される男女の純愛を描き、最高視聴率55.3%を記録。ヒロインかをる役は大型新人と騒がれた沢口靖子。

いちばん太鼓

第35作　1985年10／7〜1986年4／5

筑豊の大衆演劇一座で育った銀平(岡野進一郎)が、実母を捜しながら大衆演劇の旗手へと成長する青春譜。岡野は570人の中から審査を勝ち抜き主役に。脚本は井沢満。

はね駒

第36作　1986年4／7〜10／4

相馬生まれのはね駒（おてんば）の橘りん（斉藤由貴）が、家庭と仕事の両立に葛藤しながらも女性新聞記者の草分けとして活躍する明治女性の一代記。脚本は寺内小春。

都の風

第37作　1986年10／6〜1987年4／4

京都の老舗繊維問屋に生まれた竹田悠（加納みゆき）。父と対立し家を出た悠が持ち前のバイタリティーを発揮しファッションの世界で成功を収める。脚本は重森孝子。

チョッちゃん

第38作　1987年4／6〜10／3

黒柳徹子の母の自伝を金子成人が脚本化。戦時色が濃くなる中、困難を天真爛漫に乗り越えていく蝶子（古村比呂）の半生を描いた。北海道弁「…っしょ」が流行語に。

はっさい先生

第39作　1987年10／5〜1988年4／2

浅草生まれの江戸っ子・早乙女翠（若村麻由美）が英語教師として大阪の中学校に赴任。言葉や文化の壁にぶつかりながら持ち前の明るさで克服していく。脚本は高橋正圀。

ノンちゃんの夢

第40作　1988年4／4〜10／1

戦後の混乱期。女性のための雑誌を作ろうと高知から上京した暢子(藤田朋子)が社会にもまれながら雑誌創刊の夢をかなえる。藤田のテレビドラマデビュー作。脚本は佐藤繁子。

純ちゃんの応援歌

第41作　1988年10／3〜1989年4／1

甲子園球場近くに旅館を開業し、後に「甲子園の母」と呼ばれるようになる女将・小野純子（山口智子）の半生を描く。山口のドラマ初出演作。布勢博一のオリジナル脚本。

青春家族

第42作　1989年4／3〜9／30

夫との溝に悩む母（いしだあゆみ）と漫画家志望の娘（清水美沙）の、それぞれの生き方を描いた家族の物語。中学生の稲垣吾郎が弟役で出演。井沢満の朝ドラ第2作。

和っこの金メダル

第43作　1989年10／2〜1990年3／31

脚本は重森孝子の書き下ろし。高校、社会人とバレーボール選手として活躍した和子（渡辺梓）が、会社を退職後、「人生の金メダル」を目指して地域医療の道を歩み始める。

凛凛と

第44作　1990年4／2〜9／29

故郷の富山湾に浮かぶ蜃気楼をヒントに電気映像（テレビジョン）の発明を夢見た幸吉（田中実）と、妻や仲間たちの青春を矢島正雄が瑞々しく描いた。英仏ロケも敢行。

京、ふたり

第45作　1990年10／1〜1991年3／30

18年ぶりに再会した母・妙子（山本陽子）と娘・愛子（畠田理恵）。京漬物の老舗店を舞台に、母子の葛藤と、家族が絆を取り戻すまでを、脚本の竹山洋が丹念に紡いだ。

君の名は

第46作　1991年4／1〜1992年4／4

菊田一夫原作のラジオドラマを映像化。戦時下の東京で運命的に出会った真知子（鈴木京香）と春樹（倉田てつを）の純愛を描く。脚本は井沢満ほか。朝ドラ30周年記念作。

おんなは度胸

第47作　1992年4／6〜10／3

廃れてしまった老舗旅館を立て直そうと後妻の女将（泉ピン子）と義理の娘（桜井幸子）が奮闘する物語。橋田壽賀子のオリジナル作。桜井はオーディションで抜擢された。

ひらり

第48作　1992年10／5〜1993年4／3

力士の健康管理を行う医者をめぐって相撲好きのひらり（石田ひかり）と姉の恋の騒動を、下町の日常を織り交ぜながら内館牧子が軽快に描いた。ドリカムの主題歌がヒット。

ええにょぼ

第49作　1993年4／5〜10／2

新人女医の悠希（戸田菜穂）が遠距離別居婚など数々の試練を乗り越え、医者として人間として成長していく姿をつづる。朝ドラ初の医療系ドラマ。脚本は東多江子。

かりん

第50作　1993年10／4〜1994年4／2

信州の老舗味噌店の一人娘に生まれた千晶（細川直美）が、同級生との恋や友情に育まれながら人生を切り開いていく。記念すべき朝ドラ50作目。脚本は松原敏春。

ぴあの

第51作　1994年4／4〜10／1

大阪・西天満の四姉妹の末っ子・ぴあの（純名里沙）は、父や姉の反対を押し切って童話作家の夢を追う。現代女性が直面する問題を冨川元文、宮村優子が細やかに描いた。

春よ、来い

第52作　1994年10／3〜1995年9／30

女性の自立をテーマにした橋田壽賀子の自伝的作品。1年間放送の2部構成。ヒロイン・春希の、戦中の青春時代を安田成美が、戦後の脚本家としての歩みを中田喜子が演じた。

走らんか!

第53作　1995年10／2〜1996年3／30

漫画「博多っ子純情」を原案に金子成人が脚本化。人形師を父に持つ博多の高校生・汐（三国一夫）が恋愛や進路に迷いながら成長する青春物語。男性主人公は第35作以来。

ひまわり

第54作　1996年4／1〜10／5

脚本は井上由美子。会社をリストラされた、のぞみ（松嶋菜々子）が弁護士を目指し司法試験を突破。一人前の弁護士になるための努力を重ねていく。松嶋のドラマ初主演作。

ふたりっ子

第55作　1996年10／7〜1997年4／5

脚本は大石静。優等生の麗子（菊池麻衣子）と棋士を目指す香子（岩崎ひろみ）の双子姉妹の人生を描く。少女期を演じた三倉茉奈・佳奈が人気に。オーロラ輝子もブレイク。

あぐり

第56作　1997年4／7〜10／4

自由奔放な夫の放蕩など、困難を乗り越えて明るく生きた美容師の半生記。吉行淳之介、和子の母、吉行あぐりがモデルで、本人の随筆を清水有生が脚本化。主演は田中美里。

甘辛しゃん

第57作　1997年10／6〜1998年4／4

母親の再婚で灘の造り酒屋の娘となった泉（佐藤夕美子）。義父が亡くなり、義弟は出奔と後継者を失った一家の女当主として酒造りに挑む。脚本は宮村優子と長川千佳子。

天うらら

第58作　1998年4／6〜10／3

父の死をきっかけに大工の祖父と暮らしはじめたうらら（須藤理彩）が、木場の工務店で職人を目指す。門野晴子原案、神山由美子脚本。語りは有働由美子アナウンサー。

やんちゃくれ

第59作　1998年10／5〜1999年4／3

大阪の造船所の次女・渚（小西美帆）が、「人生は何度でもやり直しがきくんや」を合言葉に、数々の困難にあっても前向きに生きていく。脚本は中山乃莉子、石原武龍。

すずらん

第60作　1999年4／5〜10／2

北海道の駅舎に捨てられ、駅長に育てられた萌（遠野なぎこ）の人生を、大正〜平成の鉄道の発展とともに描く。脚本は清水有生。少女期を柊瑠美、晩年を倍賞千恵子が演じた。

あすか

第61作　1999年10／4〜2000年4／1

京都の老舗和菓子店の娘・あすか（竹内結子）は父に弟子入り。新作菓子「あすか」を完成させ、伝統の世界に旋風を起こす。鈴木聡の書き下ろし。竹内のドラマ初主演作。

私の青空

第62作　2000年4／3〜9／30

脚本は内館牧子。結婚式当日、新郎に逃げられた身重のなずな（田畑智子）は、生まれた子供の父親を捜しに東京へ。田畑と小学生の息子・太陽役の篠田拓馬のW主演。

オードリー

第63作　2000年10／2〜2001年3／31

娘をオードリーと呼ぶ米国帰りの父、実母と養母、3人の“親”に育てられた美月（岡本綾）が、京都太秦で映画監督への道を歩む。自身をモデルにした大石静の朝ドラ第2作。

ちゅらさん

第64作　2001年4／2〜9／29

岡田恵和の脚本。おばぁの言葉「命どう宝（命が一番大切）」を胸に看護師として懸命に働く恵里（国仲涼子）。家族の温かさが視聴者の心を打ち、続編も第4弾まで制作。

こころ

第68作　2003年3／31〜9／27

浅草で育った客室乗務員のこころ（中越典子）は、夫との死別を機に実家のうなぎ屋の女将に転身。脚本は青柳祐美子。母として女性として成長する主人公を生き生きと描いた。

まんてん

第67作　2002年9／30〜2003年3／29

鹿児島県屋久島で生まれた満天（宮地真緒）は、気象予報士となるが、宇宙飛行士との出会いをきっかけに、宇宙からの天気予報を目指す。毛利衛が本人役で出演した。

さくら

第66作　2002年4／1〜9／28

初のデジタルハイビジョン作品。ハワイ生まれの日系4世・さくら（高野志穂）が、飛騨高山の中学で英語教師となり、さまざまな「日本」に触れていく。脚本は田渕久美子。

ほんまもん

第65作　2001年10／1〜2002年3／30

生まれつき鋭い味覚を持つ木葉（池脇千鶴）は、料理人を志し大阪へ。やがて精進料理と出会い、京都の尼寺で修業を積む。脚本は「ケイゾク」などを手掛けた西荻弓絵。

ファイト

第72作　2005年3／28〜10／1

高崎市で暮らす高校生の優（本仮屋ユイカ）。父の経営する工場の閉鎖で一家は離散、優も不登校になるが、ある競走馬との出会いから牧場経営を志す。脚本は橋部敦子。

わかば

第71作　2004年9／27〜2005年3／26

阪神淡路大震災で被災し、母の実家・宮崎に移り住んだ若葉（原田夏希）。震災で亡くなった父との約束を果たすため、神戸に戻り、造園家として歩み出す。脚本は尾西兼一。

天花

第70作　2004年3／29〜9／25

仙台で生まれ育った佐藤天花（藤澤恵麻）は天職を探すために上京。失恋や失明の危機など、数々の困難を乗り越え理想の保育園づくりに邁進する。竹山洋の書き下ろし脚本。

てるてる家族

第69作　2003年9／29〜2004年3／27

原作はなかにし礼の小説で、大森寿美男が脚色。大阪の製パン店で四姉妹の末っ子として生まれた冬子（石原さとみ）と周囲の人々の泣き笑いを、昭和歌謡に乗せて描いた。

どんど晴れ

第76作　2007年4／2〜9／29

横浜でパティシエ見習いをしていた夏美（比嘉愛未）は婚約者の実家で旅館の女将を目指すことに。女将、大女将の下で厳しい仲居修業に励む。小松江里子のオリジナル脚本。

芋たこなんきん

第75作　2006年10／2〜2007年3／31

37歳独身、新人作家の町子（藤山直美）は開業医からプロポーズされ結婚するが、彼の家は10人の大家族だった…。田辺聖子の原案をベースに長川千佳子がドラマ化。

純情きらり

第74作　2006年4／3〜9／30

津島佑子の小説を浅野妙子が脚色。ピアニストを目指して上京した桜子（宮﨑あおい）。軍国主義に抑圧されても音楽への情熱を持ち続けたヒロインの半生をつづる。

風のハルカ

第73作　2005年10／3〜2006年4／1

大分県湯布院で育ったハルカ（村川絵梨）は短大卒業後、家を出て大阪に住む母の元へ。やがてツアープランナーとしての才能を開花させていく。大森美香の朝ドラ第1作。

つばさ

第80作　2009年3／30〜9／26

埼玉県川越の和菓子屋の娘・つばさ（多部未華子）は、10年ぶりに帰ってきた母の借金を知り、地元のラジオ局で働く。SF物が得意な戸田山雅司の脚本らしい設定も話題に。

だんだん

第79作　2008年9／29〜2009年3／28

別々に育った、めぐみ（三倉茉奈）とのぞみ（三倉佳奈）の双子姉妹が偶然再会し、初めて出生の秘密を知る。やがて姉妹はデュオとしてデビューするが…。脚本は森脇京子。

瞳

第78作　2008年3／31〜9／27

札幌でダンサーを目指していた瞳（榮倉奈々）は、祖母の死を機に月島で養育里親をしている祖父を手伝うことに。里親制度がキーワードに。脚本は朝ドラ2作目の鈴木聡。

ちりとてちん

第77作　2007年10／1〜2008年3／29

故郷を飛び出した喜代美（貫地谷しほり）が大阪で落語と出会い、周囲の反対を押し切って落語家に弟子入り。藤本有紀脚本の人情エンタメ。初のスピンオフドラマも制作。

おひさま

第84作　2011年4／4〜10／1

戦争に翻弄される激動の時代を、名前通り太陽のような笑顔で生き抜いた陽子（井上真央）のさわやかな一代記。東日本大震災で放送開始が延期された。脚本は岡田惠和。

てっぱん

第83作　2010年9／27〜2011年4／2

広島県尾道で村上家の養子として育ったあかり（瀧本美織）が、高校卒業後、大阪で祖母と暮らしながら、お好み焼き店を開業する。脚本は寺田敏雄と今井雅子、関えり香。

ゲゲゲの女房

第82作　2010年3／29〜9／25

放送開始が8時に。水木しげるの妻のエッセイが原案で、脚本は山本むつみ。極貧でも温もりのある布美枝（松下奈緒）と茂（向井理）の夫婦像が共感を呼んだ。

ウェルかめ

第81作　2009年9／28〜2010年3／27

「世界につながる編集者になる」夢を抱く波美（倉科カナ）。地元・徳島の小さな出版社に就職し、パワフルな編集長の下、雑誌作りの面白さに目覚めていく。相良敦子脚本。

あまちゃん

第88作　2013年4／1～9／28

母の故郷、岩手県北三陸にやってきたアキ（のん）は、海女の祖母に弟子入りするが、やがてご当地アイドルとなり…。脚本は宮藤官九郎。放送終了後「あまロス」を生んだ。

純と愛

第87作　2012年10／1～2013年3／30

父親と反目し宮古島にある実家のホテルを飛び出した純（夏菜）は、大阪で不思議な能力を持つ愛（風間俊介）と出会う。脚本は遊川和彦。朝ドラの固定観念を覆す異色作。

梅ちゃん先生

第86作　2012年4／2～9／29

猛勉強の末、父の後を追って医学の道へ進んだ梅子（堀北真希）が、町医者として地域の人々に寄り添う姿をつづる。脚本は尾崎将也。SMAPが歌う主題歌も話題になった。

カーネーション

第85作　2011年10／3～2012年3／31

大阪で洋裁店を営みながら3人の娘を世界的なデザイナーに育てた糸子（尾野真千子）のパワフルな一生。ヒロインはコシノ3姉妹の母・小篠綾子がモデル。脚本は渡辺あや。

まれ

第92作　2015年3／30～9／26

石川県能登で市役所に勤める希が幼い頃の夢を取り戻して天才パティシエに弟子入り、世界一の菓子職人を目指す。主演の土屋太鳳が主題歌1番を作詞。脚本は篠崎絵里子。

マッサン

第91作　2014年9／29～2015年3／28

初の国産ウイスキー造りに挑むマッサンこと亀山政春（玉山鉄二）とスコットランド人の妻エリー（シャーロット・ケイト・フォックス）の奮闘を描く。初の外国人ヒロイン。

花子とアン

第90作　2014年3／31～9／27

山梨の農家から東京の女学校へ進んだ村岡花子（吉高由里子）は、英語に魅了され、やがて「赤毛のアン」の翻訳を手掛ける。平均視聴率22.6%を記録。脚本は中園ミホ。

ごちそうさん

第89作　2013年9／30～2014年3／29

大正時代。東京本郷の洋食店の娘・め以子（杏）が、嫁ぎ先の食い倒れの街・大阪で、小姑との関係や息子の出征などの苦難を“食べること”で乗り越える。脚本は森下佳子。

ひよっこ

第96作　2017年4／3～9／30

茨城県の農村で育ったみね子（有村架純）は、父の失踪をきっかけに集団就職で上京する。高度成長期、ひたむきに生きる人々の姿を映し出した、岡田惠和3作目の朝ドラ。

べっぴんさん

第95作　2016年10／3～2017年4／1

戦後の焼け跡で、世の母親のため、子ども向けの洋服作りを決意したすみれ（芳根京子）。その思いはやがて日本初の総合子供用品店へとつながっていく。脚本は渡辺千穂。

とと姉ちゃん

第94作　2016年4／4～10／1

亡き父に代わり家族を守り、とと（父）姉ちゃんと呼ばれる常子（高畑充希）が、ライフスタイル誌を創刊する。「暮しの手帖」創業者をモデルに西田征史が書き下ろした。

あさが来た

第93作　2015年9／28～2016年4／2

幕末、大阪の両替商に嫁いだあさ（波瑠）が、商いの面白さに目覚め、実業家として成功を収める。脚本は大森美香で、初の江戸時代スタート。ディーン・フジオカも人気に。

なつぞら

第100作　2019年4／1～9／28

戦争で両親を亡くし、北海道の開拓民一家に育てられたなつ（広瀬すず）が、開拓者精神を生かし草創期のアニメの世界に飛び込む。大森寿美男の脚本。語りは内村光良。

まんぷく

第99作　2018年10／1～2019年3／30

大阪育ちの福子（安藤サクラ）と発明家の夫・萬平（長谷川博己）。インスタントラーメンを発明した夫婦の絆を描いた物語。日清食品創業者夫妻がモデル。脚本は福田靖。

半分、青い。

第98作　2018年4／2～9／29

左耳を失聴した鈴愛（永野芽郁）が、漫画家デビューと引退、結婚、出産、離婚を経て、幼なじみの律（佐藤健）と起業、商品開発に成功するまでを描く。脚本は北川悦吏子。

わろてんか

第97作　2017年10／2～2018年3／31

京都の薬種問屋に生まれたてん（葵わかな）は旅芸人と恋に落ち結婚。紆余曲折を経て、大阪に寄席を開業する。吉本興行創業者・吉本せいをモデルにした吉田智子の脚本。

おかえりモネ

第104作　2021年度前期

宮城県気仙沼に育ち、「3.11」に複雑な思いを抱える百音が、気象予報士となって、人々に幸せな未来を届ける希望の物語。ヒロイン百音役は清原果耶、脚本は安達奈緒子。

おちょやん

第103作　2020年度後期

大阪・南河内の貧しい家に生まれた千代（杉咲花）は、奉公先の道頓堀で芝居に魅了され、女優を目指す。“大阪のお母さん”浪花千栄子がモデルの一代記。脚本は八津弘幸。

エール

第102作　2020年3／30～

福島の呉服問屋の長男に生まれた裕一（窪田正孝）は音楽と出会い、妻の音（二階堂ふみ）に支えられながら作曲家として才能を開花させていく。主人公のモデルは古関裕而。

スカーレット

第101作　2019年9／30～2020年3／28

滋賀県信楽で育った喜美子（戸田恵梨香）は、男性ばかりの陶芸の道へ。貧困、夫との軋轢、息子の早世に向き合う、孤高の陶芸家の生き様を描く。脚本は水橋文美江。

日曜の夜を彩る大河ドラマ一覧

1963（昭和38）年、大河ドラマ第1作「花の生涯」の放送が開始される。当時、国民最大の娯楽は映画。時代劇映画が隆盛を極め、スター俳優は大手映画会社との専属契約を結び、産声をあげて10年ばかりのテレビに出演することはなかった。その牙城に風穴をあけるべく、〝映画に負けない日本一のドラマ〟として制作されたのが「花の生涯」だった。

翌年の「赤穂浪士」は、50%を超える歴代最高視聴率を記録。1年間30時間を優に超える大河ドラマのフォーマットは群像劇に最適だった。四十七士のような多くの登場人物たちをあまねく描くことができる強みを発揮して、日曜夜＝大河という視聴習慣が定着していく。第3作「太閤記」（65年）では、勧善懲悪に代表される旧来の時代劇から脱却し、現代的視点を持ち込む手法を確立する。また、緒形拳、石坂浩二らテレビドラマからスターが生まれる潮流を決定づけた。

サラリーマンたちが中間小説誌を愛読していた昭和期には、吉川英治、大佛次郎ら国民的作家の小説を基にした作品が並ぶ。なかでも司馬遼太郎原作は「竜馬がゆく」（68年）など最多の6作品。現代から俯瞰的な視線で歴史を見つめる司馬史観との親和性の高さがうかがえる。

連続テレビ小説同様、80年代に大河ドラマに大きなインパクトをもたらしたのが、橋田壽賀子の脚本だ。「おんな太閤記」（81年）で、初めてひとりの女性が主人公の物語を生み出し、高視聴率を獲得。以後、「春日局」（89年）などの橋田作品はもちろん、「篤姫」（08年）ほか、ホームドラマ的要素も織り込みながら、時代の波に翻弄される女性を見つめる作品が大河ドラマの大きな柱のひとつとなる。

1年間をかけて豪華キャスト、壮大なスケールで歴史絵巻を丹念に描き出すことで、現代社会を照射する。単なる時代劇にはとどまらない、まさに〝大河ドラマ〟というしかない歴史ファンタジーが57年間、全59作品で形作られてきた。

そもそも映画を凌駕するために始まった大河ドラマだが、現在は、民放地上波から連続時代劇ドラマが消滅し、時代劇映画の製作も数えるほど。時代劇作劇の伝統は、大河ドラマが支えている。一方で、初めて4Kでフル撮影されている「麒麟がくる」（20年）のように大河ドラマは、誰も見たことがない過去の世界を具現化するために最先端の放送技術が惜しみなく投入されてきた。最新テクノロジーと時代劇に息づく職人技の枠をエンタメ作品として結晶化させる。日本のドラマ制作における伝統と革新を担い続けてきたのも、大河ドラマといえそうだ。

花の生涯

第1作　1963年
4／7～12／29

舟橋聖一の同名小説を基に、北条誠の脚本で井伊直弼の生涯を描く。主人公に歌舞伎界から二代目尾上松緑、長野主膳役に映画界から佐田啓二、ほか淡島千景、香川京子らトップスターが顔を揃えた。大型時代劇でテレビが映画を凌駕していく原点に。4月放送開始、時間は午後8時45分からだった。

赤穂浪士

第2作　1964年
1／5～12／27

大石内蔵助に時代劇のスーパースター・長谷川一夫、その妻りく役に山田五十鈴を配した豪華出演陣で、歴代最高視聴率53%を叩き出し、大河ドラマ人気を決定づけた記念碑的作品。芥川也寸志が手がけたテーマ曲は“忠臣蔵”を表す象徴的な音楽として現在まで定着。原作は大佛次郎、脚本は村上元三。

太閤記

第3作　1965年
1／3～12／26

初の戦国大河は、豊臣秀吉＝緒形拳、織田信長＝高橋幸治、石田三成＝石坂浩二という若手俳優を抜擢。新幹線が登場する冒頭や城の石垣積み解説など、吉田直哉の演出が驚きを与えた。高橋扮する信長の社会現象的人気に、本能寺で自刃する放送回が2カ月も延びた。原作は吉川英治、脚本は茂木草介。

竜馬がゆく

第6作　1968年
1／7～12／29

司馬遼太郎の同名小説を北大路欣也主演で映像化。セリフに方言を取り入れ、土佐弁で話す幕末のヒーローとしての坂本竜馬像が浸透した。おりょう役は浅丘ルリ子。今では時代劇俳優の印象が強い日活出身の高橋英樹が、武市半平太役で初めて本格的な時代劇に挑んだ作品でもある。脚本は水木洋子。

三姉妹

第5作　1967年
1／1～12／24

大佛次郎による初のオリジナル原作で、脚本は鈴木尚之。岡田茉莉子、藤村志保、栗原小巻が演じる旗本の三姉妹と、山﨑努扮する浪人を中心に、幕末から明治維新の時代の波に翻弄される人々を見つめた群像劇。主人公に据えた虚構の人物たちに、歴史的な人物や事件が結びつく構成となっている。

源義経

第4作　1966年
1／2～12／25

原作者の村上元三が自ら脚色。当時23歳で歌舞伎界のプリンスだった現・尾上菊五郎が悲劇の若武者・源義経の波乱の生涯をさっそうと演じた。静御前を後に菊五郎の妻となる富司純子、弁慶は前年度主演の緒形拳が務めた。合成や空中・水中撮影など、最新の撮影技法を投入する作品作りの嚆矢に。

春の坂道

第9作　1971年
1／3～12／26

徳川家康、秀忠、家光と三代の将軍に仕え、柳生新陰流を確立した柳生宗矩の生涯をつづる。かつての東映時代劇映画のエース、萬屋錦之介を主演に迎え、家光役に十二代目市川團十郎、柳生十兵衛役に原田芳雄と大河初登場の多彩な顔ぶれが揃った。原作は山岡荘八の書き下ろし、脚本は杉山義法。

樅ノ木は残った

第8作　1970年
1／4～12／27

江戸時代初期の仙台藩の伊達騒動に材をとった山本周五郎の同名小説を、茂木草介の脚本でドラマ化。平幹二朗演じる家老・原田甲斐が、幕府老中・酒井雅楽頭の謀略から取りつぶしの危機に陥る藩を守る。栗原小巻、吉永小百合の対照的な２人のヒロインが人気を集めた。鮮烈な悪役・伊達兵部には佐藤慶。

天と地と

第7作　1969年
1／5～12／28

初のカラー放送で、途中で開始時間が午後８時に定着。“ミスター大河”石坂浩二が上杉謙信役で初の主演を務め、高橋幸治演じる武田信玄との戦国屈指のライバル関係を描いた。川中島の合戦シーンでは、初のVTR収録、空撮、エキストラの大量動員など壮大な戦闘描写の原型に。脚本は杉山義法ほか。

勝海舟

第12作　1974年
1／6～12／29

江戸城無血開城の立役者、幕臣・勝海舟の人物像に迫った作品。主演の渡哲也が病気療養で途中降板し、第10回から松方弘樹が海舟役を引き継いだ。坂本龍馬を演じた藤岡弘、、“人斬り以蔵”こと岡田以蔵役の萩原健一らも、その存在感で光彩を放った。原作は子母澤寛、脚本は倉本聰、中沢昭二。

国盗り物語

第11作　1973年
1／7～12／23

司馬遼太郎作品を基に、大野靖子が脚色。下剋上の戦国乱世で、斎藤道三（平幹二朗）、織田信長（高橋英樹）、明智光秀（近藤正臣）と、天下取りを夢みた武将の生き様をつづる。高橋、近藤に加え、秀吉役の火野正平、濃姫役の松坂慶子ら20代の俳優をメインに起用。撮影にハンディカメラが投入された。

新・平家物語

第10作　1972年
1／2～12／24

平家一門の栄枯盛衰を現代的視点で追った歴史絵巻。原作・吉川英治、脚本・平岩弓枝で、出演陣も主演の平清盛役の仲代達矢を筆頭にオールスターキャスト。中村玉緒、新珠三千代、佐久間良子、若尾文子、栗原小巻らが平安末期の雅な世界を彩った。少年時代の平経盛役で郷ひろみが俳優デビュー。

花神

第15作　1977年
1／2～12／25

討幕軍司令官として戊辰戦争に身を投じ、明治維新という「花」を咲かせた大村益次郎と、動乱の時代を駆け抜けた若者たちが織りなす群像劇。主演は四代目中村梅之助で、原作者の司馬遼太郎、益次郎の子孫からも高い評価を受けた。舞台となった山口県萩市が観光地として人気に。脚本は大野靖子。

風と雲と虹と

第14作　1976年
1／4～12／26

平安中期。貴族社会に反旗を翻し、民のための国造りを行った平将門（加藤剛）と、それに呼応して決起した藤原純友（緒形拳）。理想に殉じた男たちの反骨の戦いを描く。海賊や遊女などの庶民階級も丹念に映し出した作品。原作者の海音寺潮五郎が第１回冒頭に登場したことも話題に。脚本は福田善之。

元禄太平記

第13作　1975年
1／5～12／28

五代将軍・徳川綱吉の側用人・柳沢吉保からみた“忠臣蔵”の物語。幕政を意のままにする吉保（石坂浩二）と、武士としての忠義を貫く大石内蔵助（江守徹）の対立を軸に、単なる復讐譚にとどまらない政治ドラマが展開する。原作は南條範夫、脚本は小野田勇ほか。本作から海外での放送が始まった。

黄金の日日

第16作　1978年
1／8〜12／24

初の海外ロケを敢行。織田信長、豊臣秀吉とも渡り合った堺の豪商・呂宋助左衛門（現・松本白鸚）の痛快な一代記。経済の視点を取り入れた野心的な戦国大河で、原作・城山三郎、脚本・市川森一、スタッフの合議で大まかな物語を決め、それを基に小説、脚本を並行して進める方法をとったという。

草燃える

第17作　1979年
1／7〜12／23

源頼朝の妻・北条政子の生涯を軸に、北条氏が鎌倉幕府の実権を握るまでの源氏三代の軌跡をたどる。頼朝は石坂浩二、権力をめぐる骨肉の争いの渦中に身を置く政子を岩下志麻が演じた。原作は永井路子、脚本は中島丈博で、初めてセリフに口語表現を採用。今では定着したが、放送時は賛否を呼んだ。

獅子の時代

第18作　1980年
1／6〜12／21

大河初の明治時代を舞台にした、山田太一のオリジナル脚本。維新前年のパリ万博で出会った、ともに虚構の人物である会津藩士の平沼銑次（菅原文太）、薩摩藩士の苅谷嘉顕（加藤剛）の生き様を通じて、近代化へ進む明治日本を見つめる。菅原のテレビ出演が注目を集め、宇崎竜童の音楽も話題に。

おんな太閤記

第19作　1981年
1／11〜12／20

橋田壽賀子の書き下ろし脚本。初めてひとりの女性を主人公に据えた物語で、佐久間良子が演じる豊臣秀吉の正室・ねねの波瀾万丈な生涯がつづられる。西田敏行扮する恰幅のよい秀吉が、ねねを「おかか」と呼んで甘えるなど、旧来の秀吉像があっさり打ち破られた。平均視聴率30％を超える人気作に。

峠の群像

第20作　1982年
1／10〜12／19

緒形拳が大石内蔵助役で2度目の主演に挑んだ。原作の堺屋太一が、現代日本と照らし合わせ、元禄の太平の世を財政が下降線をたどり始める時代の“峠”、藩断絶を企業倒産ととらえた新解釈の“忠臣蔵”。内蔵助も迷える中間管理職のようだ。語りは初の女性で、加賀美幸子アナウンサー。脚本は冨川元文。

徳川家康

第21作　1983年
1／9〜12／18

原作は山岡荘八の大長編。小山内美江子の脚本は、徳川家康の75年の生涯を描きつくした。その徹底ぶりは、物語が大竹しのぶ演じる母・於大の輿入れから始まるほど。主演は滝田栄で、精悍かつ理知的な家康像を確立。秀吉は武田鉄矢、信長は役所広司。音楽は岡崎市育ちの冨田勲が5回目の登板。

山河燃ゆ

第22作　1984年
1／8〜12／23

初めて昭和史に向き合った作品。太平洋戦争前後の日米両国の間で揺れる移民たちの悲劇を見つめる。物語の中心となる移民2世の兄弟を現・松本白鸚と西田敏行が演じ、その父母に三船敏郎と津島恵子。鶴田浩二も登場し、昭和を語るのに相応しい名優が出演。原作は山崎豊子、脚本は市川森一、香取俊介。

春の波涛

第23作　1985年
1／6〜12／15

松坂慶子が、明治〜大正期に欧米でも活躍し、名妓から日本の女優第1号へと転身した川上貞奴の半生を熱演。夫の川上音二郎（中村雅俊）、初恋の相手・岩崎桃介（風間杜夫）とその妻・房子（檀ふみ）の愛憎も織り込み、勃興期の日本演劇と当時の社会を映し出した。原作は杉本苑子、脚本は中島丈博。

いのち

第24作　1986年
1／5〜12／14

終戦から高度経済成長を経て、放送当時の1980年代までの40年にわたり、三田佳子演じる女医が地域医療の現場で「命」と向き合う姿を描く。歴史上の人物が登場しない異色の大河で、脚本は橋田壽賀子のオリジナル。現代日本の実相を浮き彫りにし、戦後を生きる女性が抱える葛藤も描き出した。

独眼竜政宗

第25作　1987年
1／4〜12／13

4年ぶりに時代劇に回帰して、歴代最高平均視聴率39.8％を記録。新進気鋭の渡辺謙が、隻眼の武将・伊達政宗をエネルギッシュに演じて、一代で竜のごとく駆け昇ったヒーロー像を体現した。正室・愛姫の少女時代を可憐に演じた後藤久美子も注目を集めた。脚本はジェームス三木、原作は山岡荘八。

武田信玄

第26作　1988年
1／10〜12／18

戦国最強の猛将・武田信玄を中井貴一が演じて信玄像に新風を吹き込んだ。父・信虎に平幹二朗、武田二十四将に菅原文太や西田敏行と歴代主演俳優を配した豪華キャストが話題に。語りの若尾文子の「今宵は……」という毎回の締めも印象的。上杉謙信役は柴田恭兵。原作は新田次郎、脚本は田向正健。

春日局

第27作　1989年
1／1〜12／17

3度目の橋田壽賀子作品。三代将軍・徳川家光の乳母として、幕政に影響を与えた春日局の生涯をつづる。大奥で暗躍する黒幕ではなく、悲惨な戦の世を生き抜き、平和を希求する女性・おふくとして、大原麗子がやわらかで凛とした春日局を好演。それは戦中戦後を生きた昭和の女性たちの姿でもある。

信長
KING OF ZIPANGU

第30作　1992年
1／5～12／13

織田信長を初めて主人公にした作品で、緒形拳の息子・緒形直人が初の親子二代での主演。田向正健の原作・脚本は、信長を荒れ狂う暴君ではなく、経済に長け、国際感覚にも優れた政治家、文化人としての側面を重視。ルイス・フロイスの回想で物語が進むため、語りに初の外国人俳優を起用した。

太平記

第29作　1991年
1／6～12／8

初めて南北朝期を取り上げ、室町幕府を開いた足利尊氏の生涯を真田広之主演で描く。原作は吉川英治、脚本は池端俊策と仲倉重郎。旅の田楽一座の女座長ら庶民を代表する架空の人物たちが物語に厚みを加えるのは、池端の新作「麒麟がくる」とも通底。本編終了後の「ふるさとコーナー」がスタート。

翔ぶが如く

第28作　1990年
1／7～12／9

同名小説ほかの司馬遼太郎作品を小山内美江子が脚色。倒幕を成し遂げた薩摩藩の盟友・西郷隆盛（西田敏行）と大久保利通（鹿賀丈史）の友情と、新政府での対立から西南戦争の悲劇に至る歩みを描く。「幕末編」「明治編」の大河初の2部構成。地元鹿児島では県外宿泊観光客が過去最高を記録した。

花の乱

第33作　1994年
4／3～12／11

室町時代後期。政治より風流の世界を好んだ八代将軍・足利義政（十二代目市川團十郎）に代わり、政治を切り盛りした正室・日野富子（三田佳子）。希代の悪女と言われた富子の実像に市川森一が新解釈を加え迫った。義政の青年時を現・市川海老蔵、富子の少女時代を松たか子が演じドラマデビュー。

炎《ほむら》立つ

第32作　1993年
7／4～1994年3／13

平安時代末期、東北の平泉で平安京に匹敵するほどのきらびやかな文化を花開かせた奥州藤原氏4代の100年にわたる興亡を3部構成で描いた。渡辺謙が1部（経清）と3部（泰衡）、村上弘明が2部（清衡）の主人公を演じた。中島丈博が高橋克彦の同名の歴史小説を脚本化。7月から翌3月まで放送。

琉球の風

第31作　1993年
1／10～6／13

陳舜臣の小説を山田信夫がドラマ化。17世紀、薩摩に侵攻され苦境にあった琉球王国を舞台に、琉球の発展に尽くす主人公の啓泰（東山紀之）と弟の啓山（渡部篤郎）ら若者たちの人間模様が描かれた。尾上菊五郎、富司純子、寺島しのぶが琉球王、王妃、王女として出演。大河ドラマ初の半年間放送。

毛利元就

第36作　1997年
1／5～12／14

安芸の小領主の次男として生まれた毛利元就（現・中村芝翫）が200余の合戦を戦い抜き、知略の限りを尽くして、毛利家を西日本最大の戦国大名に成長させるまでの75年の生涯を描いた。永井路子の原作を内館牧子が娯楽色豊かに脚色、オリジナルの解釈も含め、人間・毛利元就を生き生きと表現した。

秀吉

第35作　1996年
1／7～12／22

尾張の貧しい農民から身を起こし、天下人に上り詰めた豊臣秀吉（竹中直人）の生涯を現代的視点から再解釈。堺屋太一の小説を基に出世競争や派閥争いなどサラリーマンの日常と重ね合わせるようにして、脚本の竹山洋が明るいタッチで表現。竹中のエネルギッシュな演技と相まって人気作となった。

八代将軍 吉宗

第34作　1995年
1／8～12／10

七代将軍・家継の病没などをうけ、八代将軍に上り詰めた徳川吉宗（西田敏行）。享保の改革、人材の交流や目安箱設置など多彩な政策を打ち、江戸幕府中興の祖と呼ばれた吉宗の生涯を、大河2作目のジェームス三木が描いた。パネルや表を使った近松門左衛門（江守徹）の解説も評判になった。

葵 徳川三代

第39作　2000年
1／9～12／17

徳川300年の礎を築いた徳川家康（津川雅彦）、秀忠（西田敏行）、家光（現・尾上松緑）の治世とそれぞれの人生をダイナミックな人間ドラマに仕立てた。第1回に「総括関ヶ原」として第2回以降で描かれる関ヶ原の合戦のハイライトを一挙に紹介する異例のスタートだった。初のハイビジョン作品。

元禄繚乱

第38作　1999年
1／10～12／12

幕藩体制が安定し、華やかな文化が生まれた“江戸時代のバブル期”元禄。主君・浅野内匠頭が城内で起こした刃傷事件を発端に、大石内蔵助（十八代目中村勘三郎）をはじめ47人の赤穂浪士が吉良邸に討ち入るまでの日々を追った。忠臣蔵をテーマにした4作目の大河。舟橋聖一原作、中島丈博脚本。

徳川慶喜

第37作　1998年
1／4～12／13

御三家・水戸徳川家の七男として生まれ、30歳で十五代将軍に就いた慶喜（本木雅弘）。政治・軍事両面で改革を進めるが統幕運動は激しさを増し、やがて大政奉還を決意。江戸幕府260年に幕を引いた最後の将軍の半生を活写。ドラマ終了後の徳川慶喜紀行のナレーションを小宮悦子が務めて話題に。

武蔵 MUSASHI

第 42 作　2003 年
1／5～12／7

江戸時代後期から歌舞伎、浄瑠璃、講談の世界でもファンの多い剣豪・宮本武蔵が、人間としての弱さを克服しながら剣の道を追求する。「花の乱」で大河デビューした現・市川海老蔵が初の主役を務めた。吉川英治の「宮本武蔵」を鎌田敏夫が脚色。佐々木小次郎を松岡昌宏、お通を米倉涼子が演じた。

利家とまつ ～加賀百万石物語～

第 41 作　2002 年
1／6～12／15

加賀百万石の礎を築いた戦国大名・前田利家（唐沢寿明）と正室・まつ（松嶋菜々子）の夫婦愛が成し遂げる成功物語。逆境に陥ったときのまつのセリフ「わたくしにお任せくださりませ！」が人気に。織田信長を演じた反町隆史ら民放ドラマの人気俳優を多数キャスティングした。原作・脚本は竹山洋。

北条時宗

第 40 作　2001 年
1／7～12／9

鎌倉時代中期、２度にわたる蒙古襲来の危機に立ち向かった北条時宗（和泉元彌）。18 歳の若さで鎌倉幕府の執権の座に就いた時宗のわずか 34 年間の生涯を、脚本の井上由美子が重厚に描いた。モンゴルロケを敢行、CG デジタル合成技術を駆使するなど、スケールの大きい作品に仕上がった。

功名が辻

第 45 作　2006 年
1／8～12／10

司馬遼太郎の同名小説を大石静が脚本化。“内助の功”の代名詞である山内一豊の妻・千代を仲間由紀恵が、一豊を上川隆也が演じた。主演の仲間由紀恵は、本作での好演が評価され国民的女優に。決めセリフ「お命の持ち帰りこそ功名の種にございます」で、今に通じる千代像を作り出した。

義経

第 44 作　2005 年
1／9～12／11

源義経の悲運の生涯を描く。実父・源義朝を殺害した平清盛（渡哲也）を一度は“父”と慕うも、やがて平家滅亡の先陣に立つこととなる義経の壮絶な人生を滝沢秀明が演じた。その美しい若武者ぶりや、時代絵巻ともいえる風雅な演出が視聴者を楽しませた。原作は宮尾登美子、脚本は金子成人。

新選組!

第 43 作　2004 年
1／11～12／12

三谷幸喜が書き下ろした、新選組局長・近藤勇（香取慎吾）、副長・土方歳三（山本耕史）ら幕末の若き隊士たちの青春群像劇。沖田総司役に藤原竜也、斎藤一役にオダギリジョーなど、当時の若手俳優たちが、動乱の最前線で命を燃やした新選組隊士を生き生きと演じて人気を博した。

天地人

第 48 作　2009 年
1／4～11／22

「義」と「仁愛」を重んじ、秀吉、家康をも魅了した戦国時代の名参謀・直江兼続の生涯を描く。大河ドラマ初出演の妻夫木聡が、強いだけでなく、感受性豊かな武将像を新鮮に演じて話題に。また、幼少時代を演じた子役の加藤清史郎も注目された。原作は火坂雅志、脚本は小松江里子。

篤姫

第 47 作　2008 年
1／6～12／14

宮尾登美子の「天璋院篤姫」を田渕久美子が脚本化。徳川幕府の終焉を見届けた篤姫の一生をつづる。主人公、原作、脚本はすべて女性。時代劇では陰に隠れがちな女性たちに焦点を当てた「幕末ホームドラマ」として共感を呼んだ。当時 22 歳で大河最年少主演の宮﨑あおいが篤姫を演じて人気に。

風林火山

第 46 作　2007 年
1／7～12／16

甲斐の虎と謳われた武田信玄を支えた孤高の軍師・山本勘助（内野聖陽）の波乱の生涯を描く。井上靖の小説「風林火山」を基に大森寿美男が脚本を担当。信玄役は連続テレビドラマ初出演の現・市川猿之助。上杉謙信のストイックな魅力を表現したミュージシャンの GACKT の武者姿も話題となった。

平清盛

第 51 作　2012 年
1／8～12／23

これまで鎌倉時代の軍記物語「平家物語」などで、アンチヒーローとみなされてきた平清盛。そんな清盛を松山ケンイチ主演で時代の変革者、海外交易の先駆者として捉えた野心的な作品。ざらついた映像表現、リアルにこだわった美術も反響を呼んだ。朝ドラ「ちりとてちん」を手がけた藤本有紀の脚本。

江《ごう》～姫たちの戦国～

第 50 作　2011 年
1／9～11／27

伯父の織田信長に父・浅井長政を殺された３姉妹の末娘・江が主人公。大河ドラマ初出演、時代劇も初挑戦という上野樹里が主役の江を生き生きと演じた。淀（宮沢りえ）、初（水川あさみ）、江の３姉妹の豪華な衣装も注目を集めた。脚本は「篤姫」で話題を呼んだ田渕久美子が担当した。

龍馬伝

第 49 作　2010 年
1／3～11／28

幕末史に欠かせない風雲児・坂本龍馬の生き様を、三菱財閥創始者・岩崎弥太郎（香川照之）の回想という形でドラマ化。明治維新の陰の立役者である龍馬の生涯を生き生きと描き切った。龍馬を演じた福山雅治は、激動の時代を駆け抜けたヒーロー像を確立。福田靖のオリジナル脚本。

八重の桜

第 52 作　2013 年
1／6～12／15

会津戦争では銃を手に戦い、明治維新後は同志社大学創設者・新島襄の妻として生きた新島八重。時代を先導した“ハンサムウーマン”の激動の人生を、綾瀬はるか主演でドラマ化。震災と原発事故で傷ついた福島へのエールとなった。脚本は山本むつみ、メインテーマは坂本龍一が手がけた。

軍師官兵衛

第 53 作　2014 年
1／5～12／21

戦国の三英傑に重用され、豊臣秀吉を天下人に押し上げた黒田官兵衛。その知略ゆえに主君・秀吉からも恐れられた天才軍師を、岡田准一が切れ味鋭い演技で魅せた。正室・光役は中谷美紀。「秀吉」で主演を務めた竹中直人が、再び秀吉役で登板したことも大河ファンを喜ばせた。脚本は前川洋一。

花燃ゆ

第 54 作　2015 年
1／4～12／13

波乱の人生を歩んだ吉田松陰の妹・文と、松陰を慕って「松下村塾」に集った長州藩の若き門弟たちの物語。兄の志を引き継ぎ、動乱の時代を生き抜く文を、大河初出演の井上真央が力強く演じた。維新の志士を家族の側から見つめた作品で、脚本は大島里美、宮村優子ら 4 人の女性作家が担当した。

真田丸

第 55 作　2016 年
1／10～12／18

12 年ぶりの三谷幸喜作品。信州の国衆・真田信繁（堺雅人）が、大坂夏の陣で“日の本一の兵”真田幸村となるまでを描く。草刈正雄が軍略家の父・昌幸役で再ブレイク。大泉洋が真面目な兄・信幸を演じたほか、小日向文世の秀吉、内野聖陽の家康ら、多士済々の武将たちが織りなす集団抗争劇に。

おんな城主 直虎

第 56 作　2017 年
1／8～12／17

「直虎」という男名で家督を継いだ姫が、幼い後継を守り、戦国の世を生き抜く。後に徳川四天王となる井伊家を存亡の危機から救う“おんな城主”を柴咲コウが熱演。幼なじみの井伊直親（三浦春馬）、小野政次（高橋一生）の非業の死が涙を誘った。井伊直政役で菅田将暉が大河初出演。脚本は森下佳子。

西郷《せご》どん

第 57 作　2018 年
1／7～12／16

薩摩の貧しい下級武士から維新のキーマンとなる西郷隆盛（鈴木亮平）の成長物語。新政府で決別する幼なじみの大久保利通（永山瑛太）との友情、島津斉彬（渡辺謙）との師弟関係という男たちの心の絆を軸に、島妻・愛加那（二階堂ふみ）との恋愛にも焦点を当てた。林真理子の原作を中園ミホが脚色。

いだてん

第 58 作　2019 年
1／6～12／15

脚本は宮藤官九郎で、2 部構成。主人公は 1912 年、日本人で初めてオリンピックに出場したマラソン選手・金栗四三（中村勘九郎）と、1964 年の東京オリンピックを招致するため心血を注いだ田畑政治（阿部サダヲ）。ビートたけしと森山未來（青年期）が演じた古今亭志ん生が語り部の形式。

麒麟がくる

第 59 作　2020 年
1／19～

名君の前に必ず訪れるという伝説の聖獣「麒麟」。その麒麟が現れる、戦のない穏やかな世を強く望む明智光秀（長谷川博己）が主人公。本能寺の変で主君・織田信長（染谷将太）を討つことになる光秀の、史実に残されていない前半生にも光を当てる。脚本は池端俊策ほかのオリジナル。初の 4K 撮影作品。

青天を衝け

第 60 作　2021 年

連続テレビ小説「あさが来た」で明治の女性実業家の物語に挑んだ大森美香が“日本資本主義の父”渋沢栄一を描く。埼玉の農村に生まれた渋沢が挫折を繰り返しながら、実業家として新しい日本社会を築いていく怒涛の生涯をたどる。主演は吉沢亮。渋沢と深い信頼で結ばれる徳川慶喜を草彅剛が演じる。

鎌倉殿の 13 人

第 61 作　2022 年

大河ドラマファンを自認する三谷幸喜の 3 度目の作品となる。鎌倉幕府第二代執権・北条義時を主人公に、権力の座をめぐる人々の駆け引きが描かれる。“鎌倉殿”は二代将軍・源頼家のことで、“13 人”の家臣による合議制での政治が行われる中、小栗旬が演じる義時が武士の頂点に上り詰めていく。

1982年〜2019年

「向田邦子賞」受賞者一覧

向田邦子賞

向田邦子氏の業績を讃え制定されたテレビ業界初の脚本賞

「向田邦子賞」（主催・向田邦子賞委員会、株式会社東京ニュース通信社）は、故・向田邦子さんのテレビドラマにおける偉業をしのび、その名を永く放送界に記録するとともに、テレビドラマの脚本の質的向上、発展を図ることを目的として1982年に制定されたテレビ業界初の脚本賞である。

毎年4月1日から翌年3月31日までに放送されたテレビドラマの脚本を対象とし、毎年4月上旬に行われる選考委員会で受賞作を決定、発表する。本賞・特製万年筆、副賞・300万円。

第1回1982年度は市川森一氏「淋しいのはお前だけじゃない」が受賞、以後、2019年度で第38回を数える。まさに昭和〜平成〜令和のテレビドラマを見続けてきた唯一の脚本賞である。

Profile

向田邦子　むこうだくにこ
1929年11月28日東京都世田谷区生まれ。実践女子専門学校（現・実践女子大学）卒。雑誌編集者を経て「ダイヤル110番」で脚本家デビュー。「七人の孫」「時間ですよ」「寺内貫太郎一家」「阿修羅のごとく」をはじめ、数多くの人気ドラマを執筆。また、小説家として「花の名前」「かわうそ」「犬小屋」で、第83回直木賞（1980年）受賞。1981年8月、台湾上空で飛行機事故により死去。享年51。

第1回　1982年度

市川森一

Ichikawa Shinichi

「淋しいのはお前だけじゃない」

●1982.6.4～8.27　全13回　TBS
●演出／高橋一郎、浅生憲章、赤池偉史
●出演／西田敏行、財津一郎、木の実ナナ、萬田久子、泉ピン子、橋爪功、河原崎長一郎、真屋順子、山本亘、潮哲也、矢崎滋、小野武彦、尾藤イサオ、梅沢富美男ほか

授賞理由

連続ドラマが低調といわれるなかで、斬新な発想でテレビドラマの新しい境地を意欲的に開拓した。

選考委員

倉本聰（作家）、寺島アキ子（作家）、早坂暁（作家）、大山勝美（演出家）、和田勉（演出家）、大森幸男（放送評論家）、佐怒賀三夫（放送評論家）、桑野雅幸（東京ニュース通信社）

生きる辛さと人のぬくもりをサラ金と大衆演劇の場で見事に表現した

西田敏行扮する零細サラ金業者とサラ金返済に困った人々が、旅回り一座を結成。演技力とチームワークを武器に〝地獄〟を脱出する人情喜劇。当時社会問題になった〝サラ金地獄〟と〝大衆演劇〟をドッキングさせたユニークかつ時代を鋭く衝いた意欲的で完成度も高い名作だった。各回に登場する劇中劇を、下北沢の「ザ・スズナリ」で実際に上演するという手法を採用。舞台と客席とが醸し出す一体感を見事にドラマに取り込んだ。「中学生のころ、長崎のミッションスクールの寮で演劇部を作り、開拓村や刑務所を慰問していました。こんな風に旅芸人で一生を終えられたらなんて思った。それが出発点」と市川氏。

Profile

いちかわしんいち・1941年長崎県出身。
日本大学藝術学部卒。1967年「快獣ブースカ」で脚本家としてデビュー。
主な作品に「傷だらけの天使」「黄色い涙」「黄金の日日」「港町純情シネマ」。
2011年死去。

第2回　1983年度

山田太一

Yamada Taichi

「日本の面影」

●1984.3.3～3.24　全4回　NHK
●演出 / 中村克史、音成正人
●出演 / ジョージ・チャキリス、檀ふみ、津川雅彦、小林薫、樋口可南子、加藤治子、杉田かおる、柴田恭兵ほか

授賞理由

ハーンというこれまでとは違った素材をとりあげながら、山田太一氏の持っている永遠のテーマである人と人のふれあいなどを深く追求した。

選考委員

倉本聰（作家）、寺島アキ子（作家）、早坂暁（作家）、大山勝美（演出家）、和田勉（演出家）、大森幸男（放送評論家）、佐怒賀三夫（放送評論家）、桑野雅幸（東京ニュース通信社）

ラフカディオ・ハーンを通して見る古き良き日本と、心のふれあい

古き良き日本を愛したラフカディオ・ハーン（小泉八雲）。その波乱に富んだ半生と彼の作品を通して、失われた〝日本の心〟に光を当てた。ハーンの一番の楽しみは、妻セツが語るお化けの話。そんなお化けたちを主人公にハーンがまとめた本が「怪談」だった。ドラマではセツの語りに合わせて怪談も映像化。「ハーンのことばを借りるなら〝お化けが出る余地のある日本〟。不合理な役に立たないものへの敬意も必要なんじゃないかな。『ふぞろいの林檎たち』もそうなんですけど、厳しく生きるよりも人間同士のふれあいの方が大事だと思うんです。ハーンの求めていたものもこれだと思いますよ」と山田氏。

Profile

やまだたいち・1934年東京都出身。
早稲田大学教育学部卒。松竹映画の助監督時代に、木下惠介監督の勧めでシナリオを書き始める。主な作品に「藍より青く」「男たちの旅路」「岸辺のアルバム」「獅子の時代」。

第3回　1984年度

池端俊策

Ikehata Syunsaku

「私を深く埋めて」「羽田浦地図」「危険な年ごろ」

●「私を深く埋めて」
（1984.7.14　TBS）
●演出／堀川とんこう ●出演／竹脇無我、藤谷美和子、芦田伸介ほか
●「羽田浦地図」
（1984.7.7 ～ 7.28　全４回　NHK）
●演出／門脇正美ほか ●出演／緒形拳、藤村志保、田村高廣、佐藤オリエほか
●「危険な年ごろ」
（1984.11.8　読売テレビ）
●演出／鶴橋康夫 ●出演／浅丘ルリ子、伊東四朗、森下愛子、左幸子ほか

授賞理由

人間の持っている魔性ともいうべき不思議なものを日常の中ですくいあげた作風の魅力。

選考委員

和田勉（演出家）、大山勝美（演出家）、寺島アキ子（作家）、早坂暁（作家）、山内久司（演出家＝欠席）、久世光彦（演出家）、大森幸男（放送評論家）、佐怒賀三夫（放送評論家）、桑野雅幸（東京ニュース通信社）

落ちこぼれた人　取り残された街への　温かい視線が　伝わってくる作品

授賞の対象は3作品。実話がヒントとなった「私を深く埋めて」。人生から落ちこぼれた3人の出会いと心情をサスペンスタッチで描く。「羽田浦地図」は華やかな羽田空港の裏側、小さな町工場が密集する〝錆色の街〟で生活する人々の思い、痛みが伝わってくる作品。「危険な年ごろ」は夫の過去と現在を同一人物だと考えることのできない主婦が主人公。その姿を通して、夫婦の絆について考えた。

池端氏は「いずれもマイナーな世界です。自分自身小さいころから各地を転々として、思い出が拡散する不安、どこか休める場所が欲しかったという気持ちがかなり影響しているみたいですね」と自己分析している。

Profile

いけはたしゅんさく・1946年広島県出身。
明治大学政経学部卒。大学在学中からシナリオ研究所に通い、今村昌平監督のシナリオ助手を務める。主な作品に「かげろうの死」「昭和四十六年大久保清の犯罪」「イエスの方舟」「太平記」「夏目漱石の妻」「麒麟がくる」。

第4回　1985年度

早坂暁

Hayasaka Akira

「花へんろ 風の昭和日記」

- 1985.4.13 ～ 5.25 全7回　NHK
- 演出 / 深町幸男、木田幸紀、外園悠治
- 出演 / 桃井かおり、河原崎長一郎、中条静夫、森本レオ、樹木希林、下條正巳、小林亜星、イッセー尾形、加藤治子、藤村志保、沢村貞子ほか　ナレーター・渥美清

授賞理由

大正から昭和にかけての「のどかな時代」を視野に収めながら日本の家族のありようと人々の中の地方文化を描いた、庶民の文化史・生活史でもある。また、時代の暗部を遍路の姿を通して人生の縮図にして見せている。ドラマとしては遍路の存在で二重構造となっている。

選考委員

和田勉（演出家）、大山勝美（演出家）、寺島アキ子（作家）、早坂暁（作家）、山内久司（演出家）、久世光彦（演出家）、大森幸男（放送評論家）、佐怒賀三夫（放送評論家）、桑野雅幸（東京ニュース通信社）

お遍路さんと、名もない人々が、通り過ぎていった〝昭和〟という時代

四国・松山の遍路道に面した一商家を舞台に、地方から見た昭和史。その生活史を描いた「花へんろ」は、早坂氏の自伝的ドラマ。「庶民の生きた昭和史という題材は昭和還暦にふさわしい」というのも受賞理由の一つだった。

　ドラマは関東大震災がなければ生まれなかったという理由から〝震一〟と名づけられた「私」の語りで展開していく。さらに遍路たちが背負った苦渋の人生を通して、時代の暗部を凝視。この遍路の存在がドラマを二重構造にしている点も高く評価された。「ライフワークともいえるこの『花へんろ』で向田賞に選ばれたのは、自分にとって因縁めいた気がしますね」と早坂氏。

Profile

はやさかあきら・1929年愛媛県出身。
日本大学藝術学部卒。1961年「ガラスの部屋」で脚本家としてデビュー。主な作品に「天下御免」「事件」「夢千代日記」「続・夢千代日記」「修羅の旅して」。2017年死去。

第5回　1986年度

寺内小春

Terauchi Koharu

「麗子の足」「イキのいい奴」

- 「麗子の足」（1987.1.7　TBS）
- 演出／久世光彦
- 出演／田中裕子、永島敏行、森繁久彌、佐藤慶ほか　ナレーター・黒柳徹子
- 「イキのいい奴」（1987.1.7～3.11　全10回　NHK）
- 演出／大原誠ほか
- 出演／小林薫、金山一彦、藤奈津子、若山富三郎ほか

授賞理由

女性作家らしい細やかで鮮烈な情感をにじませた優れた作品。

選考委員

大森幸男（放送評論家）、大山勝美（演出家）、久世光彦（演出家）、佐怒賀三夫（放送評論家）、寺島アキ子（作家）、早坂暁（作家）、山内久司（演出家）、和田勉（演出家）、桑野雅幸（東京ニュース通信社）

〝作品〟に こまやかな情感を にじませて、女性で 初の向田賞受賞

「向田邦子新春スペシャル」の3回目が「麗子の足」だった。昭和初期の日本とその家族を、いとこ同士の愛をからめて描いたもので、演出をした久世光彦は「寺内作品は台本より、役者がセリフにすると実につやっぽい」と評した。

満場一致で受賞が決まった後でノミネートされていなかった「イキのいい奴」にも注目が集まり、2作品での受賞となった。「麗子の足」について寺内氏は「私も昭和初期の生まれ。あの抑圧された時代の〝青春〟というか〝性〟を、うそではなく好きなタッチで書けました。『イキのいい奴』は『男が主役』という知らない世界への挑戦。評判も良いと聞いてホッとしました」と語った。

Profile

てらうちこはる・1931年韓国・ソウル生まれ。
福島県立安達高校卒。子育て後、シナリオ研究所に通い、1967年から作家活動に入る。主な作品に「おていちゃん」「なっちゃんの写真館」「はね駒」。2010年死去。

第6回　1987年度

田向正健

Tamukai Seiken

「橋の上においでよ」

- 1987.10.31　NHK
- 演出 / 小林信一
- 出演 / 堤真一、南果歩、柴田恭兵、石田えり、橋爪功、北村総一朗、大路三千緒ほか

授賞理由

都会の中の男女の真実を巧みな設定と優れた感性で描いている。

選考委員

大森幸男（放送評論家）、大山勝美（演出家）、久世光彦（演出家）、佐怒賀三夫（放送評論家）、寺島アキ子（作家）、早坂暁（作家）、山内久司（プロデューサー）、斉藤和夫（TVガイド編集長）、石井源康（TVガイド編集部）

テレクラで知り合った男女から見えてくる真実と、都会の青春像

大阪ミナミを舞台に、テレクラで知り合った若者たちの魂の彷徨をドキュメンタリータッチで描いた作品。オールロケが臨場感を生み出した。「この『橋の上においでよ』で向田賞を受賞したのはうれしいことです。新人の演出家（NHK大阪・小林信一氏）が初めて単発ドラマを担当するので、失敗させてはいけないと私自身も一生懸命頑張った作品なので」。

田向氏は執筆のためテレクラを取材。「実際にテレクラで女性と話しました。何人かと話して、人間がいかにわかりづらいか、ということがわかりました。あそこはそういう意味で魅力的。中毒になりますね」と語った。このドラマは〝文化庁芸術作品賞〟も受賞した。

Profile

たむかいせいけん・1936年東京都出身。
明治大学卒。松竹大船撮影所に入社、助監督を経て、1969年自らの脚本で監督デビュー。同年、松竹を退社し、脚本家の道を歩む。主な作品に「冬の旅」「雲のじゅうたん」「リラックス」「武田信玄」「信長」。2010年死去。

第7回 1988年度

黒土三男

Kurotsuchi Mitsuo

「とんぼ」「うさぎの休日」

●「とんぼ」
（1988.10.7～11/25 全８回　TBS）
●演出 / 大岡進ほか
●出演 / 長渕剛、秋吉久美子、植木等、仙道敦子ほか
●「うさぎの休日」
（1988.12.3　NHK）
●演出 / 黛りんたろう
●出演 / 長渕剛、伊藤蘭、大滝秀治、浅野ゆう子ほか

授賞理由

「とんぼ」 やくざというアナーキーの世界から、現代の表社会における無関心な状況に対する怒りと逆説的な面白さを、独特な感性と力感で描き上げた。
「うさぎの休日」 よくある家探しをテーマに現代社会の矛盾をつき、ここにも彼独特のペーソスと力感ある世界を描いて成功した。

選考委員

内村直也（劇作家）、大森幸男（放送評論家）、大山勝美（演出家）、川口幹夫（日本映画テレビプロデューサー協会会長）、久世光彦（演出家）、佐怒賀三夫（放送評論家）、寺島アキ子（作家）、早坂暁（作家）、山内久司（プロデューサー）、和田勉（演出家）、斉藤和夫（ＴＶガイド編集長）、石井源康（TVガイド編集部）

主役・長渕剛との、公私にわたるつき合いが作品として結実した

「親子ゲーム」「親子ジグザグ」以来、意気投合した黒土・長渕コンビ。プライベートで旅行した際、「日常では頭にくることがいっぱいあるけど、面と向かってはなかなか言えない。ケンカもしたくない。でも言おうよ」。そんな会話を交わしたのがきっかけで生まれたのが「とんぼ」だ。ヤクザである主人公が、不愉快なこと、間違っていることにストレートにぶつかっていく姿、その生き様を通して、男の美しさ、悲しさが描かれた。

一転、長渕がサラリーマンを演じた「うさぎの休日」。どんなに働いても家一軒持てないという現実を背景に、家族にマイホームをせがまれた若い父親の怒り、悲しみを描いた。

Profile

くろつちみつお・1947 年熊本県出身。
立教大学卒。木下恵介プロで助監督を務めた後、1978 年「コメットさん」で脚本家としてデビュー。主な作品に「オレゴンから愛」「親子ゲーム」「親子ジグザグ」「旅のはじまり」。

第8回　1989年度

中島文博

Nakajima Takehiro

「幸福な市民」「海照らし」「恋愛模様」

●「幸福な市民」
（1989.11.4　NHK）
●演出／長沖渉 ●出演／沢田研二、藤真利子、麿赤児、神津はづきほか
●「海照らし」
（1989.11.3～12.4　全4回　NHK）
●演出／三枝健起 ●出演／名高達郎、多岐川裕美、松下由樹、嶋田久作ほか
●「恋愛模様」
（1990.2.10～17　全2回　NHK）
●演出／小松隆 ●出演／津島恵子、下條正巳、長門勇、いかりや長介ほか

授賞理由

3作品とも現代の対極にある世界を寓話風にとらえ人間にとって大事なものを失いつつある繁栄社会が幻にすぎなかったことを示唆し、意欲的な作品となった。

選考委員

大森幸男（放送評論家）、大山勝美（演出家）、川口幹夫（日本映画テレビプロデューサー協会会長）、久世光彦（演出家）、佐怒賀三夫（放送評論家）、寺島アキ子（作家）、早坂暁（作家）、山内久司（プロデューサー）、和田勉（演出家）、斉藤和夫（TVガイド編集長）、石井源康（TVガイド編集部）

脱サラ、古代ロマン、高齢者たちの恋……繁栄の対極の世界を寓話風に描いた

3作品は設定こそ全く異なるが、時代の盲点を突いた点では共通する。「幸福な市民」は競争社会に嫌気がさした中年男が「ライオンのようにいきたい。ライオンは最低限の動物しか獲らない」と銀行を辞め、気ままな探偵になる。「海照らし」では、東京で一風変わった娘と知り合った民俗学者が、彼女に連れられて対馬へ渡る。島に残る海幸彦・山幸彦や浦島伝承をもとに、古代ロマンを現代に再現する。「宇宙や自然の優しさ、神々しさといったものに、今一度目を向けてみたい」というのが、中島氏の意図だった。「恋愛模様」は、高齢者たちの恋を描いた作品。老婚の実態を深くえぐり、話題となった。

Profile

なかじまたけひろ・1935年京都府出身。
高知県立中村高校卒。銀行勤務を経て、1957年シナリオライターを目指して上京。映画「南の風と波」で脚本家デビュー。主な作品に「事件」「極楽家族」「草燃える」「家族ゲーム」「春の波涛」。

第9回　1990年度

山田信夫

Yamada Nobuo

「去っていく男」

- 1991.2.18　関西テレビ
- 原作／内海隆一郎
- 演出／林宏樹
- 出演／鹿賀丈史、津川雅彦、萬田久子ほか

授賞理由

日常性にある家族愛・友情を死という視点から浮き彫りにさせた構成力、密度の濃さを高く評価したい。

選考委員

大森幸男（放送評論家）、大山勝美（演出家）、川口幹夫（日本映画テレビプロデューサー協会会長）、久世光彦（演出家）、佐怒賀三夫（放送評論家）、寺島アキ子（作家）、早坂暁（作家）、山内久司（プロデューサー）、和田勉（演出家）、小林武範（TVガイド編集長）、石井源康（TVガイド編集部）

死期を知った男と、見送る親友……完成度と構成力に高い評価が集まった

「向田さんはオリジナルをとても大切にされた人。『去っていく男』は原作ものなので、受賞できるとは考えていませんでした」と山田氏。原作は男2人の会話だけで綴られた掌編。豊かに肉づけされた設定やエピソードはすべて山田氏によるものでそのオリジナリティーが高く評価された。人生の最後を共有する男2人の苦悩を繊細なタッチで描いた「いわゆる難病ものにはしたくなかった。主人公を検事にしたのもそのため。死を扱ってきた人間が死に直面する。その観念をできるだけ肉感的にするため、元検事の方にかなり取材しました」。山田氏は授賞の7年前に奥さんを亡くした。その経験が作品に結びついたという。

Profile

やまだのぶお・1932年中国・上海生まれ。
早稲田大学文学部卒。作家・佐藤愛子宅に居候、1958年日活と脚本家契約を結ぶ。1970年にフリー。主な作品に「きりぎりす」「されど、わが愛」「記念に…」「琉球の風」。1998年死去。

第10回　1991年度

冨川元文

Tomikawa Motofumi

「結婚しない女達のために」「二本の桜」

- ●「結婚しない女達のために」（1991.7.24　日本テレビ）
- ●演出／せんぼんよしこ
- ●出演／研ナオコ、白石加代子、谷川昭一朗ほか
- ●「二本の桜」（1991.8.9～8.16 全2回　NHK）
- ●演出／伊豫田静弘
- ●出演／江守徹、長門裕之、香山美子ほか

授賞理由

相互理解や共感の成り立ちにくい現代にあって、それぞれ兄弟、母親という基本的な家族の人間関係を中心に、愛の本質を真摯に粘り強く描いて深い感銘をあたえた。

選考委員

大森幸男（放送評論家）、佐怒賀三夫（放送評論家）、遠藤利男（日本放送協会学園理事長）、久世光彦（演出家）、大山勝美（演出家）、早坂暁（作家）、寺島アキ子（作家）、山内久司（プロデューサー）、和田勉（演出家）、小林武範（TVガイド編集長）、石井源康（TVガイド編集部）

母子、兄弟という家族の関係を中心に愛の本質を真摯に粘り強く描いた

うるさい義母と同居するハメになった研ナオコ演じる木実子の戸惑いをコミカルタッチで描いた「結婚しない女達のために」。「演出のせんぼん氏といろいろいじりながら、1年半かかって書きました。結局（いい脚本は）演出家とのやりとりなんです」と、冨川氏のドラマ作りへの姿勢がうかがえるコメントだ。

「二本の桜」は、転職を軸にした兄弟愛の物語。ダムの完成で湖底に沈む村から移植された樹齢四百年の桜の老木の記憶を胸に秘めてきた銀行の支店長。ある日突然、彼は銀行を辞め、兄と造園業を始めるという。家族の猛反対を押し切っての転職の裏には、兄に対する深い愛情があった。

Profile

とみかわもとふみ・1949年愛知県出身。
多摩美術大学卒。小学校教諭の傍ら脚本を書き、1977年小松吾郎氏との共同執筆でデビュー。1979年に「親切」で芸術祭優秀受賞。主な作品に「峠の群像」「心はいつもラムネ色」「高円寺純情商店街」。

第11回　1992年度

松原敏春

Matsubara Toshiharu

「家族日和'93」

● 1993.1.1　テレビ朝日
●演出 / 久野浩平
●出演 / 杉浦直樹、山岡久乃、篠ひろ子、布施博、かとうかずこほか

授賞理由

家族という人間関係の変化を昭和世代の思いと時の流れの中で巧みなシチュエーションと笑いを含んだ語り口によって切りとり、象徴的な家族の情景として描いて見せた仕立てのよい作品である。

選考委員

大森幸男（放送評論家）、佐怒賀三夫（放送評論家）、遠藤利男（日本放送協会学園理事長）、久世光彦（演出家）、深町幸男（演出家）、早坂暁（作家）、寺島アキ子（作家）、堀川とんこう（プロデューサー）、小林武範（TVガイド編集長）

候補作に家族ドラマが多い中で「仕立ての良さ」が評価された

「抱きしめたい！」「ハートに火をつけて！」で一躍トレンディードラマの旗手と目された松原氏。「最近のドラマは主演がすでに決まっていて依頼されることが多いし、自分でもそういう作り方は嫌いじゃない。プロデューサーと一緒になって創り上げるのっていい。注文が多いのを別に制約だとかは思わないんですよ」。

そんな中で受賞作「家族日和'93」は、自分から持ち込んだ企画だった。かつて住んでいた家が取り壊されると知り、正月をそのなつかしい家で過ごすことにした主人公。独立した子どもたちも集まってくる。が、離婚の危機や年上の女性との結婚など、それぞれが問題を抱えての里帰りだった。

Profile

まつばらとしはる・1947年岐阜県出身。
慶應義塾大学法学部卒。学生時代より「巨泉・前武ゲバゲバ90分」などの構成作家として活躍、1971年脚本家としてデビュー。主な作品に「抱きしめたい！」「世界で一番君が好き」「かりん」。2001年死去。

第12回　1993年度

岩間芳樹

Iwama Yoshiki

「定年、長い余白」

- 1993.11.22　TBS
- 演出 / 柳井満
- 出演 / 小林桂樹、小川範子、加藤治子、仲谷昇、山内明、久我美子、波多江光浩ほか

授賞理由

晩年を迎えた男の内省を通じて、人生の測りがたさを丹念に、また哀惜をもって描き人間に対する深い理解を示した。

選考委員

大森幸男（放送評論家）、佐怒賀三夫（放送評論家）、遠藤利男（NHKエンタープライズ社長）、早坂暁（作家）、寺島アキ子（作家）、久世光彦（演出家）、深町幸男（演出家）、堀川とんこう（プロデューサー）、小林武範（TVガイド編集長）

歴史ドラマを書き続けた岩間氏が、高齢化社会を見据えた作品で受賞

若者たちと奇妙な共同生活を始める主人公。その心の深層をていねいに描き、高齢化社会を正面から見据えた作品だ。

「自分のような社会派の作家は、向田賞の対象にはならないと思っていた」と、受賞を知らされても、最初は戸惑っていた岩間氏だが、「同年代で同時期に仕事を始めた向田さんにちなんだ賞を、これまた同年代の仲間（選考委員）に選んでもらって、こんなにうれしいことはない」と、実直の人らしい受賞のコメントだった。

その後に「この年になり、等身大の人間をさらさら書けるようになってきた。トレンディードラマも書きたいが、誰も言ってこない」と笑いながら語った。

Profile

いわまよしき・1929年静岡県出身。
早稲田大学第一文学部中退。学生時代にNHKラジオドラマで脚本家デビュー。
主な作品に「入場無料」「帰らざる日々」「天皇の世紀」「冬の陽」「北上山系」「水中花」「マリコ」。1999年死去。

第13回　1994年度

鎌田敏夫

Kamata Toshio

「29歳のクリスマス」

●1994.10.20～12.22
全11回　フジテレビ
●演出／鈴木雅之ほか
●出演／山口智子、柳葉敏郎、松下由樹、水野美紀、仲村トオル、稲森いずみ、吉行和子ほか

授賞理由

時代に生きる若い女性を巧みにキャラクター化してとらえた作風は、テレビドラマの大切な局面を代表しているものである。常に時代のキャラクター化を試みてきており、その一頂点となっている。

選考委員

大森幸男（放送評論家）、佐怒賀三夫（放送評論家）、遠藤利男（NHKエンタープライズ21社長）、早坂暁（作家）、寺島アキ子（作家）、久世光彦（演出家）、深町幸男（演出家）、堀川とんこう（プロデューサー）、野沢一浩（TVガイド編集長）

自他ともに認めるキャラクター作りのうまさが、高い評価を受けた

「俺たちの旅」などの青春ものから、「金曜日の妻たちへ」「男女7人夏物語」など都会に生きる男女の夢や欲望を描き、幅広い活動をしていた鎌田氏が受賞。「向田さんとは3回お会いしたことがある。今回の受賞は、しっかり者のお姉さんから、不良の弟が褒めてもらったような心境」と語った。

授賞理由には「時代に生きる若い女性を巧みにキャラクターとしてとらまえた作風は、テレビドラマの大切な局面を代表しているものである」とある。鎌田氏は「ドラマに登場するキャラクターが評価されたと聞き、大変喜んでいます。脚本家の仕事は50％がキャラクター作りだと考えていますから」と選考の評価に満足していた。

Profile

かまたとしお・1937年韓国・ソウル生まれ。
早稲田大学政治経済学部卒。シナリオ研究所で学び、1967年「でっかい青春」でデビュー。主な作品に「俺たちの旅」「金曜日の妻たちへ」「男女7人夏物語」「ニューヨーク恋物語」「武蔵 MUSASHI」「逃げる女」。

第14回　1995年度

筒井ともみ

Tsutsui Tomomi

「小石川の家」「響子」

- 「小石川の家」
（1996.1.1　テレビ東京）
- 演出 / 久世光彦
- 出演 / 田中裕子、森繁久彌、田畑智子、渡辺美佐子、淡島千景ほか
- 「響子」
（1996.1.8　TBS）
原作・原案 / 向田邦子
- 演出 / 久世光彦
- 出演 / 田中裕子、森繁久彌、小林薫、洞口依子、加藤治子ほか

授賞理由

原案はあるが、二編とも人物と周辺世界の書きこみに鋭くて繊細な美意識が見られ、その現代を照射する感性的、かつ入念な作風はオリジナリティがある。

選考委員

大森幸男（放送評論家）、佐怒賀三夫（放送評論家）、遠藤利男（NHKエンタープライズ21社長）、早坂暁（作家）、久世光彦（演出家）、寺島アキ子（作家）、深町幸男（演出家）、堀川とんこう（プロデューサー）、市川森一（作家）、野沢一浩（TVガイド編集長）

久世光彦氏のドラマ作りにあこがれ同氏演出の2作品で見事受賞

受賞した筒井氏は、一度だけ向田邦子さんと会ったことがある。「向田さんがお忙しいので、代わりにラジオドラマの脚本を書くことになって、向田さんの妹さんがやっていたお店（赤坂ままや）に行ったんです。向田さんが最後の旅行に行かれる2日前の夜でしたか。たまたま向田さんがいらして、目が合ったんです。話はしなかったんですが、オーラのようなものを感じて、そのとき何かをもらったような気がします」。

「久世さんとできるなら、シナリオライターになってもいいと思った」あこがれの久世光彦演出作品で受賞。「久世さんも私も東京育ちなので、言葉にしなくてもわかるところがあるんですよね」。

Profile

つついともみ・1948年東京都出身。
成城大学国文科卒。シナリオ研究所を経て、1976年アニメ「ドン・チャック物語」で脚本家デビュー。主な作品に「あまく危険な香り」「離婚テキレイ期」「もしも、学校が…!?」「まんだら屋の良太」「センセイの鞄」。

第15回　1996年度

大石静

Oishi Shizuka

「ふたりっ子」

● 1996.10.7 ～ 1997.4.5
全 150 回　NHK
●演出 / 長沖渉、西谷真一ほか
●出演 / 岩崎ひろみ、菊池麻衣子、段田安則、手塚理美、伊原剛志、内野聖陽、中村嘉葎雄、三倉茉奈、三倉佳奈、河合美智子、宮川大助、宮川花子ほか

授賞理由

輪郭の深い人物像をちりばめて日々鋭いエピソードを重ね、テレビの大衆性を見事に造形して、朝のテレビ小説を革新した。

選考委員

大森幸男（放送評論家）、佐怒賀三男（放送評論家）、遠藤利男（NHKエンタープライズ21社長）、早坂暁（作家）、久世光彦（演出家）、寺島アキ子（作家）、深町幸男（演出家）、市川森一（作家）、平松恵一郎（TVガイド編集長）

大阪下町の世界を描いて、思わず引き込まれてしまう語り口の巧みさ

「ふたりっ子」は朝ドラ離れ、大阪制作ドラマ不振など、数々のもやもやを吹き飛ばす大ヒット。「なんだか夢のようだなと思います。励ましてくれたスタッフや、いきいきと役を演じてくれた俳優のみなさんのおかげです」と大石氏。ドラマからは多くのスターが生まれた。ふたりの子役、三倉茉奈・佳奈は文句なしに可愛かった。オーロラ輝子（河合美智子）は劇中歌「夫婦みち」で紅白歌合戦に出場するほどの人気。双子の妹（岩崎ひろみ）が通う「通天閣囲碁将棋センター」も、ドラマのおかげで息を吹き返した。こうした多彩さを選考委員は「パターン的には古いタイプの脚本だけど、視聴者を引き込む力はすごい」と評した。

Profile

おおいししずか・1951 年東京都出身。
日本女子大学国文科卒。1981 年劇団「二兎社」を結成、演出家兼女優として活躍。1986 年脚本家デビュー。主な作品に「長男の嫁」「私の運命」「功名が辻」「セカンドバージン」「家売るオンナ」「大恋愛～僕を忘れる君と」。

第16回 1997年度

金子成人

Kaneko Narito

「魚心あれば嫁心」
「終わりのない童話」

- 「魚心あれば嫁心」（1998.1.7～3.18　全10回　テレビ東京）
- 演出／深町幸男ほか
- 出演／八千草薫、十朱幸代、樹木希林ほか
- 「終わりのない童話」（1998.1.12　TBS）
- 演出／久世光彦
- 出演／田中裕子、加藤治子、小泉今日子、萩原聖人ほか

授賞理由

綿密な構成と慥かな人物造形は常に破綻がなく、日本人の心の風景を主題として庶民生活の哀歓を、しんみり描いた２作品は、決定打ともいうべきもので評価できる。

選考委員

大森幸男（放送評論家）、佐怒賀三夫（放送評論家）、遠藤利男（NHKエンタープライズ21相談役）、早坂暁（作家）、久世光彦（演出家）、寺島アキ子（作家）、深町幸男（演出家）、市川森一（作家）、武内朗（TVガイド編集長）

向田さんに見出され、向田作品の脚色をし、向田賞を受賞した金子成人氏

毎年のようにノミネートされていた金子成人氏が、ついに向田賞を受賞。「この世界に恩人はたくさんいますが、向田さんもその一人。原作を脚色するだけじゃなく、賞までもらうなんて」と記者会見で述べた金子氏。向田さんに感じている恩とは、デビュー当時、師匠の倉本聰氏が書いていた「大都会」シリーズの一本を金子氏が担当。それに向田さんが目を留め、制作会社に紹介。そこで書いた松本清張原作「渡された場面」が独り立ちするきっかけとなった。

金子氏の作品には、人と人のつながりが多い。「どんな人もホームを背負っています。親子も男女も人がつながればホーム。これからもこだわっていきたい」。

Profile

かねこなりと・1949年長崎県出身。
佐世保南高校卒。映画監督を目指すが、シナリオ研究所を経て倉本聰氏に師事する。1972年「おはよう」で脚本家デビュー。主な作品に「風神の門」「キツイ奴ら」「或る『小倉日記』伝」「走らんか！」「義経」。

第17回　1998年度

野沢尚

Nozawa Hisashi

「眠れる森」「結婚前夜」

- 「眠れる森」（1998.10.8 ～ 12.24 全12回　フジテレビ）
- 演出 / 中江功ほか
- 出演 / 中山美穂、木村拓哉、仲村トオル、ユースケ・サンタマリア、原田美枝子、陣内孝則ほか
- 「結婚前夜」（1998.7.22 ～ 8.19　全5回　NHK）
- 演出 / 黒沢直輔
- 出演 / 夏川結衣、ユースケ・サンタマリア、京野ことみほか

授賞理由

2作品とも、連続ドラマの特性を生かした独自な物語世界を、巧みなストーリーテリングで色彩感覚豊かに描いた手法は見事である。今日の映像フィクションにおいてテレビドラマの示しうる一つの到達といえる。

選考委員

大森幸男（放送評論家）、佐怒賀三夫（放送評論家）、斎藤暁（NHKエンタープライズ21社長）、早坂暁（作家）、久世光彦（演出家）、寺島アキ子（作家）、深町幸男（演出家）、市川森一（作家）、武内朗（TVガイド編集長）

細部を丹念に書き込む作り方が、視聴者の共感と支持を集めた

大学を卒業した年に「城戸賞」を受賞。そしてテレビの世界での目標は「向田邦子賞」だった。

野沢氏は「ぼくは鶴橋康夫氏（元・読売テレビディレクター）に育てられた」と語る。23歳のデビュー作「殺して、あなた…」以来10年間〝鶴橋学校〟で「夢のあとさき」など15本の2時間ドラマを書いた。鶴橋氏との仕事は、徹底したディテール作りから始まる。「なあ野沢。この女はどんな子ども時代だったんだ。どんな両親だ。最初に寝たのはいくつで、どんな男だ。今、住んでいるアパートの窓から見える風景は……」。その積み重ねが「細部を丹念に描けば視聴者は応えてくれる」という氏の確信につながっている。

Profile

のざわひさし・1960年愛知県出身。
1983年日本大学藝術学部卒。同年、新人脚本家の登竜門「城戸賞」に準入賞。1985年「殺して、あなた…」で脚本家デビュー。主な作品に「愛の世界」「親愛なる者へ」「恋人よ」「青い鳥」「リミット もしも、我が子が…」。2004年死去。

第18回　1999年度

北川悦吏子

Kitagawa Eriko

「ビューティフルライフ」

●2000.1.16～3.26
全11回　TBS
●演出／生野慈朗、土井裕康
●出演／木村拓哉、常盤貴子、水野美紀、池内博之、的場浩司、渡部篤郎ほか

授賞理由

時代の風を鋭くキャッチして映像化させた脚本は、いわば時代の歌の感じがする。セリフのテンポもうまくリズムにのり、まさに時代を歌う歌詩のようだ。

選考委員

市川森一（作家）、大森幸男（放送評論家）、久世光彦（演出家）、斎藤暁（NHKエンタープライズ21相談役）、佐怒賀三夫（放送評論家）、寺島アキ子（作家）、早坂暁（作家）、深町幸男（演出家）、田中秀一（TVガイド編集長）

時代の風をとらえ、自分の文体を確立していると高い評価

最終回41・3％の視聴率を記録した。常盤貴子演じるヒロインはラストで亡くなるが、北川氏も母を4年前に亡くしている。「母が平均寿命を待たずに亡くなってから、〝死〟が私の大きなテーマになった。でも母の姿が思い出され、とてもつらかった」と。選考委員の評価も高く「ドラマ界の宇多田ヒカル。時代の風をとらえている」（早坂暁氏）。「文体をすでに確立している」（市川森一氏）。北川氏は「なんだか一生分褒められたような気分。心をこめて書いたものを心をこめて選んでいただいて……」。

子どものころ「寺内貫太郎一家」ごっこをした。「私は美代ちゃん役でした。とても好きなドラマ」。

Profile

きたがわえりこ・1961年岐阜県出身。
早稲田大学第一文学部卒。にっかつ撮影所勤務を経て、1989年「月曜女のサスペンス」で脚本家デビュー。主な作品に「素顔のままで」「愛していると言ってくれ」「ロングバケーション」「オレンジデイズ」「半分、青い。」。

第19回　2000年度

大森寿美男

Omori Sumio

「泥棒家族」「トトの世界〜最後の野生児〜」

●「泥棒家族」
（2000.12.20　日本テレビ）
●演出／原隆仁
●出演／舘ひろし、津川雅彦、南果歩ほか
●「トトの世界〜最後の野生児〜」
（2001.2.26〜3.2 全5回 NHK衛星第2）
●演出／笠浦友愛
●出演／市川実和子、喜瀬健、小林聡美ほか

授賞理由

現代のシチュエーション・ドラマを目指し見事な開花を予感させる。社会に対する確かな目線からさらに優れた作品を期待する。

選考委員

市川森一（作家）、大森幸男（放送評論家）、久世光彦（演出家）、斎藤暁（NHKエンタープライズ21相談役）、佐怒賀三夫（放送評論家）、寺島アキ子（作家）、早坂暁（作家）、深町幸男（演出家）、田中秀一（TVガイド編集長）

デビュー3年目 そして33歳で 最年少受賞の ニューパワー登場

デビュー3年目33歳での受賞は、前年38歳で受賞の北川悦吏子氏の記録を大きく更新する最年少受賞記録（当時）。「向田邦子さんはすごく大きな神様のような存在なので、いつかは、と言う期待を抱いたことはあっても、今の自分にいただけるとは……」と大森氏。「向田さんがこだわった、家族像を再修復しようとしている」（市川森一氏）との声があったと聞き、大森氏は「僕自身は、特に家族を意識したことはないんですが、10代で劇団をやっていたころから、周囲の人には『家族ばかり描いている』って言われていました。ひょっとしたら自分でも気づかない、トラウマのような何かがあるのかもしれませんね」。

Profile

おおもりすみお・1967年神奈川県出身。
10代で劇団を主宰、演劇活動を経て、1999年に「夜逃げ屋本舗」（日本テレビ）で脚本家デビュー。主な作品に「てるてる家族」「風林火山」「TAROの塔」「64（ロクヨン）」「フランケンシュタインの恋」「なつぞら」。

第20回　2001年度

岡田惠和

Okada Yoshikazu

「ちゅらさん」

- 2001.4.2 ～ 9.29
  全 156 回　NHK
- 演出 / 榎戸崇泰　遠藤理史
  大友啓史ほか
- 出演 / 国仲涼子、平良とみ、
  田中好子、堺正章、小橋賢児、
  真野響子、ゴリほか

授賞理由

2500 万人の視聴者へ向けてのドラマ作りは想像以上に難しい。岡田氏は、それに沖縄という扱いの難しい地域ドラマを国民的なドラマに仕上げられた。その巧みな手腕と手堅い手法を高く評価した。

選考委員

市川森一（第1回受賞者）、山田太一（第2回受賞者）、池端俊策（第3回受賞者）、早坂暁（第4回受賞者）、筒井ともみ（第14回受賞者）

初めての朝ドラで「沖縄を書きませんか」という依頼に運命を感じた

　受賞作「ちゅらさん」で「沖縄を書きませんか」という依頼が来たときは〝運命〟を感じたという。「母親が沖縄の生まれなんです。初めての朝ドラは……しんどかったことは事実ですね。でも自分の選んだ道をまっとうできたのはよかった。俳優さんが喜んで演じてくれたので、それを信じて半年間続けることができました」。

　すでに同世代の中でも次代を担う実力派と目されている。「書きたいテーマは本当にたくさんあるんです。人間がいて社会が存在すれば、ネタはなくならないと思ってますから。毎回手を替え品を替えですけど（笑）。今回の受賞は、エールを送ってもらった感じ。おごることなく精進していきたい」。

Profile

おかだよしかず・1959 年東京都出身。
雑誌のライターを経て、1990 年「香港から来た女」で脚本家デビュー。主な作品に「白鳥麗子でございます！」「イグアナの娘」「ビーチボーイズ」「おひさま」「最後から二番目の恋」「泣くな、はらちゃん」「ど根性ガエル」「ひよっこ」。

第21回　2002年度

倉本聰

Kuramoto So

「北の国から2002遺言」

●2002.9.6～9.7　フジテレビ
●演出 / 杉田成道
●出演 / 田中邦衛、吉岡秀隆、中嶋朋子、内田有紀、岸谷五朗、地井武男、岩城滉一、竹下景子、宮沢りえ、原田美枝子、ガッツ石松、布施博、清水まゆみほか

授賞理由

北辺の地を描いて､いきいきと日本を浮かびあがらせるという作品は、テレビジョンにおいては､稀有なことです。まして、二十数年にわたって“定点描写”を続けるというのは、まさにテレビジョンでは“絶滅種の作品”ともいえます。すぐれた作品であると共に、すぐれた事業といえるのです。これは、放送作家も、ライフワークを持てるという希望を点燈させてくれたのだから。お待たせしました。そして、お疲れ様でした。向田邦子賞委員会　二〇〇三年四月　桜前線が北に達した日に。

選考委員

市川森一（第1回受賞者）､山田太一（第2回受賞者）､池端俊策（第3回受賞者）､早坂暁（第4回受賞者）､筒井ともみ（第14回受賞者）

「北の国から」スタートから21年、集大成の一作で満を持しての受賞

最終章となる「北の国から2002遺言」。21年が経った。「21年…、時代は変わりましたね。僕にとってはあまりいい変わり方ではなかった。時代のうねりから立ち止まって生きる五郎を描くことで、今の生活のおかしなところを描いてきた。でも富良野も変わりました。『前略おふくろ様』は深川に高速道路ができるところから始まるんだけど、今は富良野に高速が通ろうとしているんだから（笑）」。「富良野塾」を開設。「塾ではいろんなことを体験し、それを吸収する技術を教えています。今のドラマには体験が生きた脚本が少ない。脚本家とはいわば心の洗濯屋。体験をたくさんしなければ人の心は動かせないと強く感じますね」。

Profile

くらもとそう・1935年東京都出身。
東京大学文学部卒。1959年ニッポン放送入社。1963年退職後、脚本家デビュー。1977年北海道・富良野に移住。主な作品に「6羽のかもめ」「前略おふくろ様」「昨日、悲別で」「ライスカレー」「優しい時間」「やすらぎの郷」。

第22回　2003年度

木皿泉

Kizara Izumi

「すいか」

●2003.7.12～9.20
全10回　日本テレビ
●演出／佐藤東弥ほか
●出演／小林聡美、ともさかりえ、
市川実日子、小泉今日子、
白石加代子、浅丘ルリ子ほか

授賞理由

「すいか」は、優れてテレビ的空間のドラマを目指しています。つまり、セリフの力、セリフの愉しさ、セリフの危うさを満載していて、見ている人たちと同じ地平での会話が生きているのです。これはテレビドラマの最も基本的な力に他なりません。また、木皿さんが男女二人のコンビのライターというのも、なにかとても愉しいものがあります。

選考委員

市川森一（第1回受賞者）、山田太一（第2回受賞者）、池端俊策（第3回受賞者）、早坂暁（第4回受賞者）、筒井ともみ（第14回受賞者）

2人でひとつのペンネーム。困ればどっちかが書くだろう⁉

受賞作「すいか」は、賄いつきの下宿「ハピネス三茶」に集う個性的な面々の会話が不思議な魅力を放つ。「登場人物がこのあとどうしてるのかなって考えたり、幸せって実は近くに転がってるんだなって感じてもらえたら。（見る人の）心の憂さを晴らすような仕事をしていきたいです」。

男女2人でひとつのペンネームというスタイルで活動する木皿氏。受賞時は2人で仕事をするようになって15年だったが「今まで争ったことはないし、困ればどっちかが書くだろうって（笑）」。受賞については「やれどもやれども荒野みたいなんですよ、この仕事は。そこへふっと宿屋を提供してもらった感じ。本当にうれしいです」。

Profile

きざらいずみ・男女２人組の脚本家。男性は1952年、女性は1957年、ともに兵庫県出身。もともと別々に放送作家等の仕事をしてきたが、1990年ごろから２人で活動を開始。主な作品に「野ブタ。をプロデュース」「Q 10」「昨夜のカレー 明日のパン」「富士ファミリー」。

第23回　2004年度

大森美香

Omori Mika

「不機嫌なジーン」

● 2005.1.17 ～ 3.28
全 11 回　フジテレビ
●演出 / 澤田鎌作ほか
●出演 / 竹内結子、内野聖陽、黄川田将也、平山広行、岡田義徳、山田優、陣内孝則、もたいまさこ、大杉漣、オダギリジョー、小林聡美ほか

授賞理由

清潔でリズミカルなセリフで科学的なテーマに挑戦している。愛と科学を巧みに化合変化させながらドラマを進展させている。遺伝子という科学の世界にドラマ世界を求めたのは画期的といっていいでしょう。

選考委員

市川森一（第1回受賞者）、山田太一（第2回受賞者）、池端俊策（第3回受賞者）、早坂暁（第4回受賞者）、筒井ともみ（第14回受賞者）

動物行動学や遺伝子学など、科学の要素を交えて描いた大人の恋愛模様

受賞作は大森氏初のオリジナル作品。科学的な要素を交えつつ、大人たちの切ない恋愛模様を描いた難しい作品だ。それだけに思い入れも強い。「大きな障害がなくとも心が通い合う物語を科学的な視点から描きたいと考えて。書き終えたときはさみしくてさみしくて。こっそり続編を書きました（笑）」。本作は、山口雅敏プロデューサーをはじめ、かつてのAD時代の仲間とともに創り上げた作品だった。「古巣に帰ったような気持ちでした。何度も現場に足を運んでは話し合って。いつも現場でみんなが面白いと思いながら制作できる本を作ろう、と心がけています。スタッフやキャストの方が最初の読者ですから」。

Profile

おおもりみか・1972 年福岡県出身。
青山学院女子短期大学卒。テレビ局の一般社員からドラマ制作の現場へ転身。1998 年脚本家デビュー。主な作品に「カバチタレ！」「風のハルカ」「ブザー・ビート～崖っぷちのヒーロー～」「10 年先も君に恋して」「あさが来た」。

第24回　2005年度

遊川和彦

Yukawa Kazuhiko

「女王の教室」

- 2005.7.2 ～ 9.17
  全 11 回　日本テレビ
- 演出 / 大塚恭司、岩本仁志、渡部智明、木内健人
- 出演 / 天海祐希、羽田美智子、尾身としのり、夏帆、志田未来、松川尚瑠輝、原沙知絵、半海一晃、泉谷しげる、内藤剛志ほか

授賞理由

「女王の教室」は、アイロニーに満ちた視点で学園ドラマに新しい光を与えた。構成も一貫性があり、主人公のキャラクターもあいまって優れた作品であった。きちんと計算された作劇術とテレビを熟知した貴方のエンターテイメント性を今後の作品にも期待し、向田邦子賞を贈ります。

選考委員

市川森一（第1回受賞者）、池端俊策（第3回受賞者）、早坂暁（第4回受賞者）、筒井ともみ（第14回受賞者）、大石静（第15回受賞者）

過去に例のない冷酷な女教師像が、各方面に議論を巻き起こした

遊川氏は「連ドラは大道芸だって言うんですけど、映画と違ってドラマは通り過ぎる視聴者を立ち止まらせなきゃいけない。そこが面白いですね」と語る。

受賞作「女王の教室」の過去に例のない冷酷な女教師像は、賛否両論を呼んだ。「面白いと思った方も腹を立てた方もいたと思いますけど、とにかくインパクトを与えることができたなら幸せですね。今、やっぱり世の中がおかしくなってきている。そんなときに自分の信念を貫く〝覚悟〟を持った大人を描かないとまずいんじゃないか、と思ってましたから」。そして、そのメッセージは作り手に愛がなければ伝わらない。「それは僕が持つべき〝信念〟です」。

Profile

ゆかわかずひこ・1955 年広島県出身。
制作プロダクションでドラマ制作を経験後、1987 年脚本家に。主な作品に「ママハハ・ブギ」「GTO」「魔女の条件」「幸福の王子」「リミット―刑事の現場２―」「家政婦のミタ」「純と愛」「過保護のカホコ」「同期のサクラ」。

第25回 2006年度

井上由美子

Inoue Yumiko

「マチベン」

●2006.4.8～5.13　全6回　NHK
●演出／笠浦友愛、磯智明、黒崎博
●出演／江角マキコ、山本耕史、沢田研二、中島知子、小林隆、沢村一樹、山本圭、竜雷太ほか

授賞理由

人間の業を照射する筆力、社会矛盾に対する鋭い視点、それらを複合的に構築された魅力が井上由美子さんの作品には有ります。今後も個と全体をダイナミックに描くドラマの王道に立った作品を期待し、向田邦子賞を贈ります。

選考委員

池端俊策（第3回受賞者）、筒井ともみ（第14回受賞者）、大石静（第15回受賞者）、大森寿美男（第19回受賞者）、岡田惠和（第20回受賞者）

幅広い作品を手がける名手が、オリジナルにこだわって見事な受賞

幅広い作品を手がける井上氏が待ちに待った受賞。「何度か候補にしていただきながら受賞できなかったので（笑）、素直にうれしいです」。だが、うれしい理由はもうひとつ。「２００６年はオリジナル作品にこだわった1年でした。その年に評価されたのは私にとって大きなことです」。その言葉通り２００６年は「マチベン」「14才の母」の2作品を発表。「今のドラマ制作方法としては、どちらも非常に珍しいパターンだったんです。苦しかったけど勉強になりました」と語る。「これからも見終わったときに希望を与えられる作品を書いていきたい。たとえ悲劇でも、希望を感じさせることはできると思うんです」。

Profile

いのうえゆみこ・1961年兵庫県出身。
テレビ局勤務を経て、1991年「過ぎし日の殺人」で脚本家デビュー。主な作品に「ひまわり」「ギフト」「北条時宗」「GOOD LUCK!!」「白い巨塔」「14才の母」「昼顔～平日午後３時の恋人たち～」「緊急取調室」「BG～身辺警護人～」。

第26回　2007年度

坂元裕二

Sakamoto Yuji

「わたしたちの教科書」

● 2007.4.12～6.28
全12回　フジテレビ
●演出／河毛俊作、葉山浩樹、西坂瑞城
●出演／菅野美穂、伊藤淳史、真木よう子、酒井若菜、大倉孝二、谷原章介、志田未来、風吹ジュンほか

授賞理由

「わたしたちの教科書」は教育現場をメイン舞台に人間の普遍的な闇を、リズムの有る文体と鋭い人物造形で描かれた作品です。とりわけ「時に理不尽に、時に偶然に、人は光を受け取ったり、闇を受け取ったりする」などという象徴的なセリフが的確に作品に力を与えているような脚本は昨今稀有であり、向田邦子に連なるドラマの本質がここに有ります。向田邦子賞を贈ります。

選考委員

池端俊策（第3回受賞者）、筒井ともみ（第14回受賞者）、大石静（第15回受賞者）、大森寿美男（第19回受賞者）、岡田惠和（第20回受賞者）

数々の話題作を手がけた坂元氏が受賞。女性弁護士が教育現場の闇を探る異色作

1990年代初頭、数々の話題作を手がけた坂元氏が、見事に向田邦子賞受賞を果たした。「午前中に知らせを聞いて、まさかという思いでした」という率直な感想が印象に残る。

受賞作「わたしたちの教科書」は、女性弁護士が教育現場の闇を探る異色作。「この物語はラストがどうなるかを決めずに走り始めた作品です。果たして最後に伏線をすべて回収できるかどうか、不安で眠れなかったこともありました」と坂元氏。「セリフが印象に残る脚本家は今、本当に少ない。坂元さんはそれができる個性的な作家であり、選ばれるのにふさわしい」（池端俊策氏）との選評にたがわず、受賞後も活躍を続ける。

Profile

さかもとゆうじ・1967年大阪府出身。
19歳の時に、第1回フジテレビヤングシナリオ大賞を受賞して脚本家デビュー。主な作品に「東京ラブストーリー」「Mother」「それでも、生きていく」「いつかこの恋を思い出して泣いてしまう」「カルテット」。

第27回　2008年度

古沢良太

Kosawa Ryota

「ゴンゾウ〜伝説の刑事」

● 2008.7.2 〜 9.10
全 10 回　テレビ朝日
●監督 / 猪崎宣昭、橋本一
●出演 / 内野聖陽、筒井道隆、本仮屋ユイカ、高橋一生、大塚寧々ほか

授賞理由

「ゴンゾウ〜伝説の刑事」は、刑事ドラマであり、連続ドラマであり、さまざまな制約があったであろうと思われます。その枠組みの中、作家としての挑戦を感じる作品でした。達者な構成力、はりめぐらされた伏線等、視聴者を楽しませせることに心血を注ぐ精神とセンスは授賞に値すると判断いたしました。今後、違うジャンルへの挑戦を含め、テレビドラマの脚本家としての更なる飛躍を期待します。おめでとうございます。

選考委員

池端俊策（第3回受賞者）、筒井ともみ（第14回受賞者）、大石静（第15回受賞者）、大森寿美男（第19回受賞者）、岡田惠和（第20回受賞者）

向田邦子賞としては珍しい刑事ドラマでの受賞となった

受賞作の「ゴンゾウ〜伝説の刑事」は、向田邦子賞受賞作には珍しい刑事ドラマだ。今回、選考委員から「刑事ドラマ、連続ドラマという制約、枠組みの中、作家としての挑戦を感じる」と評価を受けた。受賞したのは「相棒」シリーズなどのドラマのほか、映画「ALWAYS 三丁目の夕日」や「キサラギ」などの脚本も手がけている古沢氏。受賞後の活躍も目覚ましい。「向田邦子さんは、作家としても女性としても、とても気になっていた存在。今回の受賞であこがれの女性から少し振り向いてもらえたような気持ちです」と、笑顔で受賞の喜びを語る。「今後も、ジャンルにとらわれないドラマ作りをしていきたいです」。

Profile

こさわりょうた・1973 年神奈川県出身。
2002 年「アシ！」で、第 2 回テレビ朝日 21 世紀新人シナリオ大賞を受賞して脚本家デビュー。主な作品に「外事警察」「鈴木先生」「リーガル・ハイ」「デート〜恋とはどんなものかしら〜」「コンフィデンスマン JP」。

第29回　2010年度

宮藤官九郎

Kudo Kankuro

「うぬぼれ刑事」

●2010.7.9～9.17　全11回　TBS
●演出 / 宮藤官九郎、吉田健、土井裕泰、金子文紀
●出演 / 長瀬智也、生田斗真、中島美嘉、荒川良々、要潤、矢作兼、森下愛子、坂東三津五郎、西田敏行ほか

授賞理由

「うぬぼれ刑事」は頭抜けて面白かった。偶然を必然に転化させ、言葉の遊技とレトリックで見事に現代を体現している。他の追随を許さぬ奔放な話芸ともいうべき作劇術に向田邦子賞を贈る。

選考委員

池端俊策（第3回受賞者）、冨川元文（第10回受賞者）、大石静（第15回受賞者）、岡田惠和（第20回受賞者）、井上由美子（第25回受賞者）

「うぬぼれていた」と反省していたけど、今ならうぬぼれてもいいかな

演劇界、映画界はもとより、テレビの世界でもすでに大きな実績を残している宮藤氏がついに受賞。「このドラマの企画はずいぶん前からプロデューサーと話していて、満を持して発表できた作品なんですが、視聴率的には振るわなくて。『うぬぼれていたな』と反省していたんですが、こんな素晴らしい賞をいただき『今ならうぬぼれてもいいかな』と（笑）」。今作は演出も担当。「ドラマは1クールを通してスタッフ・キャストが寝る間も惜しんで作るので、自分がかかわっている実感が強い。続編もやりたいし、フィールドを変えた作品を書くことで、逆に変わらない、自分の中心にあるものを今後も表現していけたらと思っています」。

Profile

くどうかんくろう・1970年宮城県出身。
大人計画の一員として活躍する一方、脚本家として幅広く活動している。主な作品に「木更津キャッツアイ」「タイガー＆ドラゴン」「11人もいる！」「あまちゃん」「いだてん」。

第30回 2011年度

岩井秀人

Iwai Hideto

「生むと生まれる それからのこと

● 2011.8.27 NHK BS プレミアム
●演出 / 渡辺哲也
●出演 / 柄本佑、関めぐみ、愛華みれ、国生さゆり、鶴見辰吾ほか
●語り / 風間杜夫

授賞理由

他者との関係を線引きし極度に限定化することを理想とする奇妙なカップルが、デキちゃった婚をするまでの風変わりな日常を、軽妙で首尾一貫した会話劇に仕立てた筆力には脱帽である。ナンセンスと見紛うセリフのやりとりに現代の空気とエスプリが溢れている。本賞に値する作劇である。今後もテレビドラマ界に新風を吹き込む作品を書いて頂く期待も込め、向田邦子賞を贈ります。

選考委員

池端俊策（第3回受賞者）、冨川元文（第10回受賞者）、大石静（第15回受賞者）、岡田惠和（第20回受賞者）、井上由美子（第25回受賞者）

記念すべき30回目の向田邦子賞に新しい風が吹いた

新星現る。30回目の受賞作は、劇団を主宰し演劇界でも注目されている岩井氏が初めて書いたテレビドラマのオリジナルストーリーだった。作品には作者の実生活も反映されている。

「中学卒業してすぐ、外に出ては引きこもるということを繰り返していたんです。その間、母親がWOWOWに加入してくれて、そこでたくさんの映画を見ているうちに、この中に入りたいって思いました」。受賞作について「子どもをつくることをもっとポジティブに考えてもいいんじゃないかというのがきっかけでした」。かみ合っているようでかみ合っていないセリフの積み重ねで生まれるドラマが、氏の作品の魅力だ。

Profile

いわいひでと・1974年東京都出身。
桐朋学園大学演劇科卒。2003年に劇団「ハイバイ」を旗揚げ。主な舞台脚本作品に「ヒッキー・カンクーン・トルネード」「て」、主なテレビ脚本作品に「渋谷JK」「終電バイバイ」「終電ごはん」「ガッタン ガッタン それでもゴー」。

第31回　2012年度

中園ミホ

Nakazono Miho

「はつ恋」「ドクターX～外科医・大門未知子～」

- 「はつ恋」（2012.5.22～7.17）NHK
- 演出／井上剛ほか
- 出演／木村佳乃、伊原剛志、青木崇高、佐藤江梨子、橋本愛、平田満、串田和美ほか
- 「ドクターＸ～外科医・大門未知子～」（2012.10.18～12.13　テレビ朝日）
- 演出／田村直己、松田秀和
- 出演／米倉涼子、田中圭、内田有紀、岸部一徳、段田安則、伊東四朗ほか

授賞理由

「はつ恋」「ドクターＸ～外科医・大門未知子～」という異なる世界の作品を手がけた力強い仕事ぶりは、特筆すべきものです。ことに「ドクターＸ～」は、大学病院を舞台にしながら、どこにでもあり得る組織の腐敗をリズム感あふれる展開とキレのいい台詞で描き、重いテーマを見事なエンターテインメントに仕上げています。中園さんのドラマには明確な型があり、その型が独自の世界を作っていると思います。今後のさらなる活躍を期待し、向田邦子賞を贈ります。

選考委員

池端俊策（第3回受賞者）、冨川元文（第10回受賞者）、大石静（第15回受賞者）、岡田惠和（第20回受賞者）、井上由美子（第25回受賞者）

技術だけでなく、作者としての「顔」を持っている脚本家の受賞

池端俊策選考委員は「脚本家がドラマ界を引っ張っていくには、技術だけでなく、作者としての『顔』が必要。向田邦子さんはそれを示された人でした。中園さんには既に個性的で印象に残る作品を書かれていて、『顔』のある脚本家です」と評した。

中園氏は「（演出家の久世光彦氏に）『君には向田邦子のような才能はないけれど、おでこの形が向田さんにちょっと似ているかもしれない』という言葉をいただいて、おでこが似ているということは、脳みその形も似ているんじゃないかと自分に言い聞かせ、脚本家という仕事にすがりついて、今日こんな晴れがましい場所に立っています」と語った。

Profile

なかぞのみほ・1959年東京都出身。日本大学藝術学部卒。
コピーライター、占い師等を経て、1988年「ニュータウン仮分署」で脚本家デビュー。主な作品に「やまとなでしこ」「ハケンの品格」「花子とアン」「Dr.倫太郎」「トットてれび」。

第32回　2013年度

森下佳子

Morishita Yoshiko

「ごちそうさん」

● 2013.9.30 ～ 2014.3.29
全 150 回　NHK
●演出 / 木村隆文、小林大児、福岡利武、佐々木善春、盆子原誠、渡辺哲也
●出演 / 杏、東出昌大、財前直見、原田泰造、キムラ緑子、高畑充希、和田正人、吉行和子、宮崎美子、近藤正臣ほか

授賞理由

ドラマ「ごちそうさん」は連続テレビ小説という枠の中で、1つのテーマを揺れずに書き通すという難しい作業に見事に成功している。食事のシーンが次々に現れるが、描かれているのは人物達の食欲である。食べることを追求することが幸福につながるというシンプルな構図と、ウィットに富んだ会話が人物に躍動感を与え、全体として1つの家族の幸福論となっていた。向田賞に値する一品である。

選考委員

池端俊策（第3回受賞者）、冨川元文（第10回受賞者）、大石静（第15回受賞者）、岡田恵和（第20回受賞者）、井上由美子（第25回受賞者）

「食べることは生きること」というテーマを、連続テレビ小説で揺れずに書き通した

連続テレビ小説が向田賞に選ばれるのは、選考委員を務める大石静氏、岡田恵和氏に続き3作目。

「ごちそうさん」は大正・昭和を舞台に、杏演じる食いしん坊の東京娘・卯野め以子が、夫の故郷・大阪で、料理と夫に愛情を注ぐ姿を描いたホームコメディー。

森下氏は「食べることは生きること。これは絶対的な真理です。小学生でも理解できることですが、それがどんな広がりを持ってどんな風景を生むかは、物語にしないと意外にわからない。家族で食卓を囲み、一緒に食べる風景が社会情勢で失われていくことが、私にとっての〝戦争〟。長丁場のオリジナル作品だからこそやりたいテーマでした」と追想した。

Profile

もりしたよしこ・1971 年大阪府出身。
会社勤めののち、2000 年に「平成夫婦茶碗」で脚本家デビュー。主な作品に「世界の中心で、愛をさけぶ」「白夜行」「JIN －仁－」「とんび」「天皇の料理番」「おんな城主　直虎」「義母と娘のブルース」。

第33回　2014年度

前田司郎

Maeda Shiro

「徒歩7分」

●2015.1.6～2.24
全８回　NHK BS プレミアム
●演出 / 中島由貴
●出演 / 田中麗奈、田中圭、菜葉菜、平野勇樹、青山美郷、福士誠治、石野真子ほか

授賞理由

「徒歩７分」は主人公の謂わばゆるめの悲劇的情況を饒舌で喜劇的とも思える会話劇に仕立てた作品であり、そのユーモアに満ちた世界観と筆力は賞讃に価します。時代を生きる意味を無限に相対化する作風は新鮮であり、今後の活躍を期待し、向田邦子賞を贈ります。

選考委員

池端俊策（第3回受賞者）、冨川元文（第10回受賞者）、大石静（第15回受賞者）、岡田惠和（第20回受賞者）、井上由美子（第25回受賞者）

日常の生活を虫眼鏡でのぞいてみると、意外にドラマチックなことが起きている

自ら劇団を主宰し、作家、役者として演劇界で活躍する前田司郎氏が受賞。

前田氏は「この作品は選考委員のみなさんがおっしゃるように、地味な作品です。いわゆるドラマチックなこととは急激な変化だったりしますが、虫眼鏡で日常の生活をのぞいてみると、小さい点でドラマチックなことが起きており、そういった点をクローズアップしてドラマにできないかと思い、今作を作り上げました」と語る。「どの程度まで地味でいいのか、ドラマチックなことが起こらない話が受け入れられるのかと不安もあったので、評価していただいたこと、認めていただいたことはうれしく思います」とを語った。

Profile

まえだしろう・1977年東京都出身。
劇団「五反田団」主宰・作家・役者。戯曲で岸田戯曲賞、小説で三島由紀夫賞などを受賞。主なテレビドラマ脚本に「漂流ネットカフェ」「お買い物」「迷子」「空想大河ドラマ　小田信夫」。

第34回　2015年度

藤本有紀

Fujimoto Yuki

「ちかえもん」

●2016.1.14～3.3　全8回　NHK
●演出／梶原登城、川野秀昭
●出演／青木崇高、優香、小池徹平、早見あかり、山崎銀之丞、徳井優、佐川満男、北村有起哉、高岡早紀、岸部一徳、富司純子、松尾スズキほか

授賞理由

「ちかえもん」は、近松門左衛門と『曾根崎心中』を洒落て茶化して一遍の黄表紙本に仕立て上げた快作です。大阪弁の遊びがまことに面白く、言葉を操って虚を実にし、実を虚に見せる技は申し分がない。この筆力に敬意を表し、本年度の向田邦子賞を贈ります。

選考委員

池端俊策（第3回受賞者）、冨川元文（第10回受賞者）、大石静（第15回受賞者）、岡田惠和（第20回受賞者）、井上由美子（第25回受賞者）

言葉を操って 虚を実にし、実を虚に見せる 技は申し分ない

選考委員の池端俊策氏は「抜群の面白さ。言葉を大事にして言葉で遊んで言葉で人をたぐり寄せていく。生き生きとして、はねた言葉が大変素晴らしい」と評した。

受賞に際し藤本氏は「近松門左衛門で、『曾根崎心中』で、コメディーという企画としてはなんだかわからないものを聞き入れてくださって、最高のスタッフと最高のキャストで実現していただいて、こんな立派な賞までいただくことができました」と喜びを語った。

受賞作「ちかえもん」は人形浄瑠璃の名作「曾根崎心中」の作者・近松門左衛門の生涯を史実に基づき、大胆な解釈を見せたヒューマン時代劇。向田邦子賞では珍しい時代劇での受賞となった。

Profile

ふじもとゆき・1967年兵庫県出身。
テレビドラマの主な脚本は「ラブ・レボリューション」「花より男子」「ギャルサー」「ちりとてちん」「咲くやこの花」「平清盛」「夫婦善哉」「生きたい たすけたい」「みをつくし料理帖」「浮世の画家」。

第35回　2016年度

矢島弘一

Yajima Koichi

「毒島ゆり子のせきらら日記」

●2016.4.20～6.22
全10回　TBS
●演出／坪井敏雄、大内舞子、村尾嘉昭
●出演／前田敦子、新井浩文、渡辺大和、中村静香、八木将康、前田公輝、諸見里大介、今藤洋子、友川カズキ、山崎銀之丞、高木渉、橋爪淳、近藤芳正、片岡鶴太郎ほか

授賞理由

恋愛と政治に裏切りはつきものだと断じる若い女性政治記者を描いた「毒島ゆり子のせきらら日記」は、どっぷりと通俗的相対的世界に身を置きながら、絶対的なるものを求める現代の若者の心の渇きを軽妙につづった快作である。テンポの良い会話と笑える警句が絶妙であり、人物達に的確な存在感を与えている。そのエスプリに溢れた才筆に拍手を送り、向田邦子賞を贈る。

選考委員

池端俊策（第3回受賞者）、冨川元文（第10回受賞者）、大石静（第15回受賞者）、岡田惠和（第20回受賞者）、井上由美子（第25回受賞者）

現代の若者の自己矛盾を軽やかに、ユーモア溢れる作り方で描いた

劇団を主宰し、演劇界で活躍する矢島氏にとって初めての連続ドラマ脚本となる「毒島ゆり子のせきらら日記」は、常に二股をかけずにはいられない超恋愛体質の女性政治記者・毒島ゆり子が、ライバル紙の記者と恋に落ち、壮絶な最後を迎えるまでを描いた作品。「二股愛をルールにしながら、本音では絶対的な愛を求めている。こうした現代の若者の自己矛盾を軽やかに、ユーモア溢れる作り方で描いている」（池端氏）と評した。

矢島氏は「この作品を書き、賞を取ったことで、これからの私の人生が変わるんだと思っています。おごることなくしっかりと地に足をつけ、いい作品を書くことで恩返ししていきたい」と語った。

Profile

やじまこういち・1975年東京都出身。
2006年劇団「東京マハロ」を旗揚げし主宰を務める。主なテレビドラマの脚本に「残酷な観客達」「コウノドリ（第2シリーズ）」「健康で文化的な最低限度の生活」「女子高生の無駄づかい」「今だから、新作ドラマ作ってみました」。

第36回 2017年度

バカリズム

Bakarhythm

「架空OL日記」

- 2017.4.13 ～ 6.15　全 10 回
  読売テレビ
- 監督 / 住田崇
- 出演 / バカリズム、夏帆、
  臼田あさ美、佐藤玲、山田真歩ほか

授賞理由

「架空 OL 日記」は、OL 達の私的な会話をスケッチしたセリフ劇である。更衣室の壊れたハロゲンヒーターについて、連句風にえんえんと続く彼女達の会話はすべて虚構であるという作者の嘯きが題名の「架空」という文字から見えてくる。この見事に作られたセリフ群が示す才気に対し向田邦子賞を贈る。

選考委員

池端俊策（第3回受賞者）、冨川元文（第10回受賞者）、大石静（第15回受賞者）、岡田惠和（第20回受賞者）、井上由美子（第25回受賞者）

芸人では初の快挙！ 見事に作られたセリフ群が示す才気に評価

「架空OL日記」は、みさと銀行に勤める入行5年目のOLという設定で升野（バカリズム）が綴ったブログに沿って（架空の）日常を振り返るという不思議な展開のドラマ。「これだけセリフを転がしていけることに〝才気〟を感じる」（池端俊策氏）など、OLたちのリアルでおかしさに溢れた会話を評価する声が多くあがった。

バカリズム氏は「10年くらい前、暇つぶしでOLさんになりすましたブログを始めて、数年前に書籍化され、さらに広がってドラマ化されることになり、いつの間にか最終的に向田邦子賞をいただくことができた。この展開の方がドラマっぽいなというのが正直な気持ちです」と語った。

Profile

ばかりずむ・1975 年福岡県出身。
1995 年バカリズム結成、2005 年 12 月よりピン芸人として活動。主なテレビドラマ脚本に「素敵な選 TAXI」「かもしれない女優たち」「桜坂近辺物語」「黒い十人の女」「住住」「生田家の朝」。

第37回　2018年度

野木亜紀子

Nogi Akiko

「獣になれない私たち」

● 2018.10.10 〜 12.12
全10回　日本テレビ
●演出 / 水田伸生ほか
●出演 / 新垣結衣、松田龍平、田中圭、黒木華、犬飼貴丈、伊藤沙莉、近藤公園、一ノ瀬ワタル、菊地凛子、松尾貴史、山内圭哉、田中美佐子ほか

授賞理由

「人間は進化の過程で色々なものを失った……」という劇中のセリフに象徴されるように、笑顔の裏で心をすり減らして生きる主人公と、誰も信用していない公認会計士の男の、恋かもしれないラブストーリー。タイトルが意味する「獣になれない……」というメッセージでもある。現代人が抱えるこの思いを、大人テイストで面白く生き生きと描いている。作者のこれまでの作品に観られた筆力が一味違うジャンルで発揮された。

選考委員

池端俊策（第3回受賞者）※、冨川元文（第10回受賞者）、大石静（第15回受賞者）、岡田惠和（第20回受賞者）、井上由美子（第25回受賞者）
※第37回はスケジュール都合により、池端氏は選考に加わっておらず、4名による選考。

リアリティーある　セリフが高評価　ヒットメーカーが　選ばれるべくして選ばれた

昨年度は「アンナチュラル」でノミネート。「ヒットメーカーが選ばれるべくして選ばれた」（岡田恵和氏）と評したのをはじめ、各選考委員は「作家性の高さ」と「リアリティーあるセリフの面白さ」を高く評価した。

受賞に際し野木氏は「今回、選考委員の先生方が、私が表現しようとしていたことをとても理解してくださっており、評価していただけたのが、本当にうれしかったです」とし、「2010年にフジテレビヤングシナリオ大賞を受賞したときに友人たちと開いたパーティーで『10年後に向田邦子賞をとったらまた集まりましょう』と言ったのですが、本当に賞をいただけるとは」と喜びを語った。

Profile

のぎあきこ・1974年東京都出身。
2010年「さよならロビンソンクルーソー」で第22回フジテレビヤングシナリオ大賞を受賞し、同作で脚本家デビュー。おもな作品に「空飛ぶ広報室」「掟上今日子の備忘録」「重版出来！」「逃げるは恥だが役に立つ」「アンナチュラル」。

第38回　2019年度

金子茂樹

Kaneko Shigeki

「俺の話は長い」

- 2019.10.12 ～ 12.14
  全 10 回　日本テレビ
- 演出 / 中島悟ほか
- 出演 / 生田斗真、安田顕、小池栄子、清原果耶、杉野遥亮、水沢林太郎、浜谷健司（ハマカーン）、本多力、きなり、西村まさ彦、原田美枝子ほか

授賞理由

医療モノ刑事モノが多い中、こうした日常の素材で楽しませてくれたことは、改めて、それがドラマの大切な要素だと感じました。展開（筋立て）に頼るエンターテインメントではなく人間の描写で楽しませ、ニートと不登校を、ごく日常の事として面白く描いていく感性は秀逸。作者の人生観が出ている魅力的な脚本になっていると思います。1時間枠 2 本立ても新鮮で、エンタメ性、物語性、作家としてのチャレンジ、そうしたことのバランスも良く、光彩を放つ作品に仕上がっています。

選考委員

池端俊策（第3回受賞者）※、冨川元文（第10回受賞者）、大石静（第15回受賞者）、岡田惠和（第20回受賞者）、井上由美子（第25回受賞者）

※第38回はスケジュール都合により、池端氏は選考に加わっておらず、4名による選考。

日常の、中の、人間描写を描いたチャレンジ作で見事受賞

「いつかホームドラマを任されるような作家になりたい」と思っていたと語る金子氏が、「自分の中でも満足のいく作品」という「俺の話は長い」で受賞。選考委員の冨川元文氏は「今どきこうした日常を丁寧に書くドラマは少ない。向田邦子さんのエッセイやドラマのセリフと同じ匂いがした」と評したのをはじめ、〝日常の中の人間描写〟と言った点が高く評価された。

受賞に際し金子氏は「夢が叶い、さらにこのような素晴らしい賞を頂けるなんてボクは幸せ者です」と語り、「どんな作品でも皆さんの期待を裏切らないよう、妥協せず一文字一文字、書いていきたいと思っています」と語った。

Profile

かねこしげき・1975 年千葉県出身。2004 年第 16 回フジテレビヤングシナリオ大賞を受賞し、脚本家デビュー。主な作品に「プロポーズ大作戦」「VOICE[ヴォイス] ～命なき者の声」「きょうは会社休みます。」「世界一難しい恋」「もみ消して冬～我が家の問題なかったことに～」。

1968年～1985年

「テレビ大賞」一覧

1968年、週刊ＴＶガイドは、過去1年間に放送された優秀番組と、この時期に実績をあげたタレントに贈る「週刊ＴＶガイド賞」を制定。翌年、これが発展的に解消して「テレビ大賞」となる。同賞は第18回（1985年度）で終了した。

第1回　1968年度週刊ＴＶガイド賞

最優秀ドラマ番組賞	文五捕物絵図（NHK）	助演男優賞	山口崇
最優秀歌謡番組賞	ふるさとの歌まつり（NHK）	助演女優賞	長山藍子
バラエティー・喜劇番組賞	コメットさん（TBS/ 国際放映）	新人賞	藤田弓子　高橋長英
最優秀社会教養番組賞	ドキュメンタリー・青春（東京 12 チャンネル）	特別賞	コント 55 号
主演男優賞	宇津井健		
主演女優賞	浅丘ルリ子		

第2回　1969年度テレビ大賞

テレビ大賞	ながい坂（NET/ 東宝）	優秀タレント賞	中山千夏　中村吉右衛門 高松英郎　栗原小巻
優秀番組賞	碑（広島テレビ） NHK アポロ 11 号関連番組（NHK） 天と地と（NHK） パンとあこがれ（TBS） 一の糸（NHK）	タレント新人賞	中村光輝　宇都宮雅代
		特別賞	大橋巨泉

第3回　1970年度テレビ大賞

テレビ大賞	冬の旅（TBS/ 木下恵介プロ）	タレント新人賞	山本亘　岡崎友紀　丘みつ子
優秀番組賞	日本史探訪（NHK） ムーミン（フジテレビ / 虫プロ） ドキュメント'70（日本テレビ） 70 年代われらの世界（NHK） 人に歴史あり（東京 12 チャンネル）	特別賞	今福祝アナウンサー
優秀タレント賞	露木茂　堺正章　富士眞奈美　川口晶		

第4回 1971年度テレビ大賞

テレビ大賞	天皇の世紀（朝日放送／国際放映）
優秀番組賞	天下御免（NHK） 金曜スペシャル「未帰還兵を追って」 （東京12チャンネル／今村昌平プロ） ヤングおー！おー！（毎日放送）
優秀タレント賞	小川眞由美　十朱幸代 ザ・ドリフターズ　二谷英明
タレント新人賞	近藤正臣　小鹿ミキ
特別賞	石井ふく子　木下恵介　小川宏

第5回 1972年度テレビ大賞

テレビ大賞	ありがとう（TBS／テレパック）
優秀番組賞	赤ひげ（NHK） オーケストラがやって来た （TBS／テレビマンユニオン） 静かなる爆薬（NHK）
優秀タレント賞	中村敦夫　山岡久乃 佐野浅夫　大原麗子
タレント新人賞	大和田伸也　松坂慶子
特別賞	水前寺清子　よしだたくろう 仮面ライダー（毎日放送／東映） 四日市公害裁判（東海テレビ）

第6回 1973年度テレビ大賞

テレビ大賞	それぞれの秋（TBS／木下恵介プロ）
優秀番組賞	金日成の国と“よど号”の犯人たち（TBS） 北の家族（NHK） 新八犬伝（NHK） ガラス細工の家（日本テレビ／ユニオン映画）
優秀個人賞	小林桂樹　山口淑子　山本陽子
新人賞	火野正平　研ナオコ
特別賞	今村昌平　山内久司 冨田勲　三波伸介
★週刊TVガイドデスク賞	左とん平とゴーゴーガールたち 和田アキ子とデストロイヤー

第7回 1974年度テレビ大賞

テレビ大賞	寺内貫太郎一家（TBS）
優秀番組賞	美の美（東京12チャンネル） シリーズ特集（東京12チャンネル） アルプスの少女ハイジ （フジテレビ／ズイヨー映像）
優秀個人賞	草笛光子　中野良子 山内久・立原りゅう　若尾文子
新人賞	中村雅俊　檀ふみ
特別賞	刑事コロンボ（NHK）、斉藤こず恵 萩元晴彦を代表とするテレビマンユニオン 伊藤松朗（CBC）、大相撲中継（NHK） 北海道放送VTRスタッフ
★週刊TVガイドデスク賞	山口百恵　坊屋三郎

第8回 1975年度テレビ大賞

テレビ大賞	欽ちゃんのドンとやってみよう！ （フジテレビ／フジポニー）
優秀番組賞	市民の手で原爆の絵を（NHK中国本部） ドキュメント昭和（朝日放送／日映新社） 太平洋戦争秘話・欧州から愛をこめて （日本テレビ／テレビマンユニオン） となりの芝生（NHK） おはよう720（TBS）
優秀個人賞	磯村尚徳　香山美子 茂木草介　島田陽子　倉本聰
新人賞	三浦友和　大竹しのぶ
特別賞	淀川長治　池松俊雄　NETザ・スペシャル
CM賞	エメロンリンス
★週刊TVガイドデスク賞	桂三枝　山城新伍　泉ピン子

第9回 1976年度テレビ大賞

テレビ大賞	雲のじゅうたん（NHK）
優秀番組賞	前略おふくろ様（日本テレビ / 渡辺企画）
	木曜スペシャル（日本テレビ）
	料理天国（TBS）
	われらの主役・王貞治 VS. 熊井啓（東京 12 チャンネル）
	NHK 特集「シーメンス事件」（NHK）
	ひらけ！ポンキッキ（フジテレビ）
優秀個人賞	佐々木昭一郎　黒柳徹子
	山口百恵　田向正健
新人賞	江藤潤　浅茅陽子
特別賞	牛山純一　しばたはつみ　額田やえ子
CM賞	サクラカラー 24
★週刊TV	志村けん
ガイドデスク賞	川谷拓三・室田日出男とピラニア軍団
	「おもろい夫婦」の京唄子・鳳啓助（フジテレビ）

第10回 1977年度テレビ大賞

テレビ大賞	岸辺のアルバム（TBS）
優秀番組賞	記者ありき（RKB 毎日）
	NHK特集「日本の戦後」（NHK）
	海は甦える（TBS / テレビマンユニオン）
	NHK 特集「ある総合商社の挫折」（NHK）
	ドラマ人間模様「冬の桃」（NHK）
優秀個人賞	山田太一　八千草薫　西田敏行　真野響子　中条静夫
新人賞	国広富之　夏目雅子
特別賞	ピンク・レディー
	「ルーツ」を編成、放送したテレビ朝日
CM賞	三木のり平による一連のCM（桃屋）
	高見山の「トランザム」（松下電器）
10 周年記念	スター千一夜（フジテレビ / フジ制作）
審査委員特別賞	ドキュメント 77（日本テレビ）
（第 10 回のみ）	人に歴史あり（東京 12 チャンネル）
	池内淳子
★週刊TV	伊東四朗ほか電線軍団
ガイドデスク賞	真屋順子　ホリデーガールズ

第11回 1978年度テレビ大賞

テレビ大賞	子供たちは七つの海を越えた
	〜サンダースホームの 1600 人（日本テレビ）
優秀番組賞	ドラマ人間模様「夫婦」（NHK）
	ザ・ベストテン（TBS）
	波〜わが愛（TBS）
	浮浪雲（テレビ朝日 / 石原プロモーション）
	ザ・スペシャル　密約・外務省機密漏洩事件
	（テレビ朝日 / 三船プロダクション）
優秀個人賞	桃井かおり　日色ともゑ
	橋田壽賀子　泉ピン子　若山富三郎
新人賞	永島敏行　藤真利子
特別賞	白い巨塔（フジテレビ フジプロダクション / 田宮企画）
	古谷綱正　東野英治郎　吉田直哉
CM賞	サントリービール「あんたが主役」
	日清食品「きつねどん兵衛」
	日立製作所「3 時間ドラマのCM」

第12回 1979年度テレビ大賞

テレビ大賞	戦後最大の誘拐・吉展ちゃん事件
	（テレビ朝日 /S・H・P）
優秀番組賞	あめりか物語（NHK）
	修羅の旅して（NHK）
	ルーヴル美術館（フジテレビ）
	NHK特集「戒厳司令“交信ヲ傍受セヨ”」（NHK）
	女たちの忠臣蔵（TBS）
優秀個人賞	早坂暁　岸恵子　筑紫哲也
	武田鉄矢　水谷豊
新人賞	広岡瞬　藤山直美
特別賞	世界のこども（NHK）
	ドラえもん（テレビ朝日 / シンエイ動画）
	寺島アキ子
CM賞	三洋電機「サンヨー・シルクロード」
	富士写真フイルム
	「心の写真シリーズ・運動会 / 由理ちゃん編」

第13回 1980年度テレビ大賞

テレビ大賞	シルクロード（NHK）
優秀番組賞	小児病棟（日本テレビ）
	ザ・商社（NHK）
	名人劇場（関西テレビ / 東阪企画）
	獅子の時代（NHK）
	報道特集（TBS）
優秀個人賞	大竹しのぶ　せんぼんよしこ　深町幸男
	滝田栄　岸本加世子
新人賞	中尾幸世　佐藤浩市
特別賞	テレビマンユニオン
	ある結婚の風景（テレビ朝日）
CM賞	富士写真フイルム「それなりにシリーズ」

第14回 1981年度テレビ大賞

テレビ大賞	北の国から（フジテレビ）
優秀番組賞	絵描きと戦争（RKB毎日） 想い出づくり。（TBS） NHK特集「日本の条件・外交」（NHK） 夢千代日記（NHK） 印象派・光と影の画家たち （TBS / テレビマンユニオン） 川の流れはバイオリンの音（NHK）
優秀個人賞	緒形拳　中原理恵　タモリ　田中裕子　市岡康子
新人賞	冨川元文　イモ欽トリオ
特別賞	堂本暁子 「ファニア歌いなさい」 「それからの武蔵」を放送した テレビ東京
CM賞	サントリー「雨と犬」
★週刊TVガイド 創刊20周年記念賞 （第14回のみ）	萩本欽一 日曜劇場（TBS） 夜のヒットスタジオ（フジテレビ）

第15回 1982年度テレビ大賞

テレビ大賞	淋しいのはお前だけじゃない（TBS）
優秀番組賞	けものみち（NHK） 久米宏のTVスクランブル （日本テレビ／オフィス・トゥー・ワン） NHK特集「私は日本のスパイだった」（NHK） ドキュメンタリー特集「生命潮流」 （日本テレビ / テレビマンユニオン） 終りに見た街（テレビ朝日）
優秀個人賞	鈴木健二　名取裕子　松尾嘉代　笠智衆　大山勝美
新人賞	中井貴一　藤吉久美子
特別賞	NHK特集（NHK） オレたちひょうきん族（フジテレビ）
CM賞	サントリービール「ペンギン編」

第16回 1983年度テレビ大賞

テレビ大賞	おしん（NHK）
優秀番組賞	ふぞろいの林檎たち（TBS） NHK特集「日本の条件・教育」（NHK） ふたりの約束（テレビ朝日 / テレビマンユニオン） 夕暮れて（NHK） 波の盆（日本テレビ / テレビマンユニオン）
海外優秀番組賞	アメリカ・女新兵物語（NHK）
優秀個人賞	山田太一　レオナルド熊　浅丘ルリ子 タモリ　横澤彪
新人賞	役所広司　斉藤ゆう子
特別賞	秋田テレビの「日本海中部地震報道」
CM賞	サントリー「ランボー編」

第17回 1984年度テレビ大賞

テレビ大賞	NHK特集「核戦争後の地球」（NHK）
優秀番組賞	くれない族の反乱（TBS） 海よ眠れ（テレビ朝日 / 東映） 心中宵庚申（NHK） 日本の面影（NHK） むかし男ありけり（RKB毎日）
海外優秀番組賞	ハロー・アインシュタイン（日本テレビ）
優秀個人賞	中村嘉葎雄　鶴橋康夫　森口豁 いしだあゆみ　林隆三
新人賞	三枝健起　小宮久美子
特別賞	川本喜八郎を中心とする 「三国志」のスタッフ（NHK） JNNニュースコープ（TBS）
CM賞	三菱自動車「ミラージュ」

第18回 1985年度テレビ大賞

テレビ大賞	イエスの方舟（TBS）
優秀番組賞	國語元年（NHK） ミエと良子のおしゃべり泥棒（テレビ東京） しあわせの国・青い鳥ぱたぱた？（NHK） ニュースステーション（テレビ朝日） プロ野球ニュース（フジテレビ）
海外優秀番組賞	アジア映画特集（NHK）
優秀個人賞	荻野目慶子　明石家さんま 藤田まこと　津川雅彦　星野仙一
新人賞	沢口靖子　コント山口君と竹田君
特別賞	ビートたけし 「忠臣蔵」（日本テレビ / ユニオン映画）
CM賞	マルマン「禁煙パイポ」

TVガイドアーカイブチーム

代表・執筆　武内　朗
（株式会社ニュース企画）

編集・執筆　平松恵一郎
永野美緒

田村末知
桑原雄太
河原崎直巳
岡崎　亨
（合同会社さくら編集工房）

装画　辻　恵子

アートディレクション
& デザイン　花岡　樹
高野誠也
小見山紗織
角田彩奈
（シンプルコミュニケーション）

【参考文献】
「TVガイド」（東京ニュース通信社）
「テレビ 60 年」（東京ニュース通信社）
「平成TVクロニクル　Vol. Ⅰ～Ⅲ」（東京ニュース通信社）
「朝ドラの 55 年　全 93 作品完全保存版」（NHK 出版）
「NHK 大河ドラマ大全　50 作品徹底ガイド　完全保存版」
（NHK 出版）
「NHK 大河ドラマ 50 作　パーフェクトガイド
〈花の生涯〉から〈江～姫たちの戦国〉まで」
（NHK サービスセンター）
「テレビ 50 年～あの日あの時、そして未来へ～」
（NHK サービスセンター）

※その他、各放送局の HP など参考にしています。

テレビドラマオールタイムベスト100

第1刷　2020 年 9 月 30 日

編者　ＴＶガイドアーカイブチーム

発行者　田中賢一

発行　株式会社東京ニュース通信社
〒 104-8415　東京都中央区銀座 7-16-3
電話　03-6367-8004

発売　株式会社講談社
〒 112-8001　東京都文京区音羽 2-12-21
電話　03-5395-3608

印刷・製本　株式会社シナノ

ISBN978-4-06-521492-3